从尿布到约会

家长指南之养育性健康的青少年
（从初中到成年之后）

［美］黛布拉·W. 哈夫纳 Debra W. Haffner ◎著　望秀云◎译

Beyond the Big Talk
A Parent's Guide to Raising Sexually Healthy Teens
From Middle School to High School and Beyond

谨将此书献给我的父母哈索尔·哈夫纳（Saul Haffner）以及哈利艾特·哈夫纳·海特灵顿（Harriet Haffner Hetherington），感谢他们的友善、支持和爱，也感谢他们在我的童年和青春期教导我去赞美我的性别所带来的礼物。

赞 誉

在这本书中,哈夫纳谈到了不同家庭在孩子青春期各个阶段所面临的性教育难题,专业实用,文笔生动,肯定会深受青少年或准青少年父母们的欢迎。

——《青年支持者之声》杂志
（*Voice of Youth Advocates*）

太棒了……这本精彩的手册以轻松的笔触提供了建议,（并）创造了沟通和协作的机会。

——哈里埃特·塞尔维斯通（Harriet Selverstone）
美国学校图书馆员协会会长

强烈推荐父母们阅读《从尿布到约会》系列,它们出色地解答了作为家长我们可能面临的最棘手的问题。

——《芝加哥父母》杂志
（*Chicago Parent*）

哈夫纳的书总是令人信服，她细心阐明了对于某个特定问题背后潜藏的各种价值观。她明确表示：父母有责任将自己的性价值观传达给孩子。

——罗格斯大学《家事之重》杂志
（*Family Life Matters*）

凭借多年的经验，黛布拉·哈夫纳为青春期孩子的性教育提供了合理建议，引导父母与孩子讨论敏感话题。这本书是每位父母的必读书。

——迈克尔·H. 默森 医学博士（Michael H. Merson, M.D.）
耶鲁大学医学院流行病学和公共卫生系主席

目 录
Contents

致 谢　//　I

修订版序言　//　IV

第一版序言　//　VI

第一章　基本常识　//　1

　　性健康家庭　//　7

　　"好孩子"　//　10

　　成人遗忘症　//　17

　　交流建议　//　20

　　父母小贴士　//　43

第二章　关于青春期的介绍　//　45

　　青春期发展的五个任务　//　50

　　青春期的三个阶段　//　57

第三章 初中时光 // 73

价值观练习题 // 74

步入初中 // 75

同龄人的压力有多大？ // 77

形影不离 // 82

初中生和性 // 85

男女派对和学校舞会 // 88

无人监管的时间 // 91

"他怎么又到卫生间去了呢？" // 94

初中生与色情 // 96

是时候离开儿科医生办公室了 // 99

特别话题

"妈妈，你第一次性交的时候是多大？" // 101

第四章 进入高中 // 105

价值观练习题 // 106

进入高中 // 107

对性行为的期待是什么？ // 108

帮助青少年设置性界限 // 111

派对 // 118

酒精和毒品 // 120

约会强奸药物 // 124

媒体 // 126

互联网　//　130

面对校园性骚扰　//　135

特别话题

　　预防饮食失调　//　139

第五章　高中后期　//　145

价值观练习题　//　146

保持联结　//　147

初恋　//　149

性行为应该期待什么　//　154

避孕与性病预防　//　161

其他避孕方法　//　167

在孩子的房间发现避孕套或避孕药　//　169

"妈妈，我觉得我已经怀孕了"　//　171

"爸爸，我觉得我是同性恋"　//　180

离开高中　//　187

特别话题

　　帮助你的青少年避免约会强奸和暴力　//　189

第六章　高中以后　//　193

价值观练习题　//　194

将要成年的孩子　//　195

让孩子（和你自己）为上大学做好准备　//　196

与父母同住的青春期后期孩子　//　201
对性行为的期望是什么？　//　203
恋爱关系　//　206
"但你知道我们上床了"　//　210
跨性别青少年　//　212
观点　//　217

后　记　//　219
附录　更多信息资源　//　223
参考文献　//　232

致 谢

创作新书有点像怀孕和分娩。对于不了解的人来说，似乎只有女人会怀孕。但是，如果幸运的话，在我们怀孕并准备迎接新生儿降临的过程中，我们可以获得更多的团体支持。

这本书有很多助产士和支持者。我很感谢美国性知识教育理事会允许我改写我为他们编辑的专著章节《面对事实：美国青少年的性健康》(*Facing Facts: Sexual Health for America's Adolescents*)。

艾米·莱文再次提供了无可挑剔的研究支持。她愿意去搞清那些艰难晦涩的事实，并为我需要的文章跑了无数次图书馆，也很热心地为要讨论的问题提供建议。

在我写这本书时，得到了家人非常热情的支持。拉尔夫、艾丽莎和格雷戈里鼓励我坚持写作的愿望，并为我腾出时间。我的孩子们仍然是我的灵感之源、我的中心和我的每日之师，引导我如何成为更好的父母。我特别感谢艾丽莎成长为父母们都会喜欢的少女模样，并且愿意与我的读者分享自己一部分青春期的经历。

幸运的是，我们的住处离大家庭只有几分钟路程，他们提供了长久的支持和鼓励。我的父母索尔·哈夫纳与哈利艾特·哈夫纳·海特灵顿始终是我最大的支持者和粉丝。他们的配偶芭芭拉·简和尼尔森·海特灵顿成了我的继父母，但更重要的是，也成了我的朋友。我的妹妹乔迪·华莱士是我的知己、参谋和育儿支持者。我的嫂子帕特·格兰德提供了明智的建议和可以倾听的耳朵，以及最美妙的住宿加早餐，使我得以在罗德岛韦斯特利镇的格兰德维尤安心写作和反思。

不过，我的支持者们远远不止我的血亲。我的女性朋友团队——朱迪、泰斯、芭芭拉和洛赛拉——一直在为我加油，帮助我了解自己，并与我分享他们的育儿故事。更重要的是，我们会共同分享彼此的生活。

我在性和青少年健康领域从业已超过25年。我的工作深受致力于研究青少年健康和性行为的许多同事的影响：佩吉·布里克、阿德勒·霍夫曼、希拉里·米勒、文斯·哈金斯、鲍勃·约翰逊、鲍勃·巴拉姆、迈克尔·乐斯尼克、利恩·贝林格、比尔·雅布尔、索尔·哥顿、迈克尔·卡里拉、比尔·斯雷顿、詹姆斯·马多克斯、艾利·科勒曼、阿特·埃尔斯特、朱迪·森德洛维茨、卡伦·海恩、道格拉斯·基尔比以及贝思·温希普都影响了我的思想和对青少年性行为的理解，所有这些都鼓励着我多年以来在这个领域努力前行。

许多人与我分享过他们的故事，包括他们自己的青春期以及他们作为父母的经历。温暖的"谢谢"应该给予比尔·芬格尔、芭芭拉·哈伯曼、卡伦·格罗斯、安·汤普森·库克、芭芭拉·列维·伯林尔、约翰·雷斯、佩珀·施瓦茨、布兰特·米勒、乐黛尔与唐·穆尔瓦尼、艾迪·摩尔、艾米丽·瓦伦斯、丹·梵涅里、弗兰西斯卡·梵涅里、JD·拉隆德、马西拉·索萨、理查德·黛尔·贝洛、艾丽萨·查德、弗兰克·梵涅里、史蒂夫·米兰德以及凯特·翰利。他们的见解让本书增色不少。

我的几位同事和挚友慷慨地阅读了本书的部分草稿，并提出了他们的意见和建议。林达·贝林格博士、瓦尔特·伯克廷博士、道格拉斯·基尔比博士、布兰特·C.米勒博士、莫妮卡·罗德里圭兹博士、鲍勃·西尔弗斯通博士以及佩珀·施瓦茨博士都提供了评论、建议和修改意见。他们完善了本书的内容，错误都是我造成的。我很感谢新市场出版社（Newmarket Press）的员工，他们相信父母需要接受教育；特别是艾斯特尔·玛格丽斯希望将我的第一本书变成一个系列，而哈利·布尔顿则不知疲倦地协力传播书中的内容。

在我的职业生涯早期，我非常幸运地接触到了若干导师，远远在我自己意识到之前，看到了我的潜力并且相信我的能力。在我二十多岁时，他们每个人都不吝于指教我这个热情但缺乏经验的女孩。我很高兴终于有正式机会向以下人士表达深深的感激之情：彼得·科特，他最初在人口研究所提拔了我；约翰·马歇尔博士，当我就职于美国公共卫生局时，他让我担任全国青少年健康计划的主任；玛丽·詹尼，她慷慨地将我培养成华盛顿都会区计划生育联合会的发言人。

我也将这本书献给我的父母哈利艾特·哈夫纳·海德灵顿和索尔·哈夫纳。在他们的餐桌上，我了解到性是件美好的礼物，可以被谈论和分享。他们鼓励我提出疑问，他们为我成长为性健康的成年人奠定了基石。我很幸运能成为他们的孩子；今天，我很幸运能有他们这样的朋友。

修订版序言

自从我写作《从尿布到约会（青少年卷）》（*Beyond the Big Talk*）以来，时间已流逝了近 8 年。现在我们很难想象 2001 年 9 月 11 日之前的世界。那时，我们还不了解恐怖主义的威胁程度，也不了解伊拉克战争和基地组织。

但是，当时的世界也没有社交软件、《美国偶像》[译注：《美国偶像》（*American Idol*）是福斯广播公司从 2002 年起主办的美国大众歌手选秀赛，英国电视节目《流行偶像》的美国版]和帕丽斯·希尔顿[帕丽斯·希尔顿（Paris Hilton），1981 年 2 月 17 日出生于美国纽约，模特、演员、歌手、作家、商人，希尔顿集团继承人]。对于父母来说，幸运的是，2008 年的青少年实际上比 5 年前甚至 15 年前的青少年在性行为方面更加负责；他们更可能会推迟性交，更可能在性行为中采取避孕措施和使用避孕套。青少年的生育率降到了 65 年以来的最低水平，直到 2006 年才略有回升。是的，你没有看错：65 年。

但我们在抚养青少年时也面临着新的挑战。在本书的第一版中，我甚至没有提到手机、iPad 和短信，社交网站当时也不存在。而今天，大多数 14 岁以上的青少年都有自己的主页；3/4 的青少年可以在自己的家中上网。而在本书刚开始写作之时，这个比例才刚刚过半。

在此期间，青少年接触到的性内容的数量也在急剧增加。在晚间电视剧中，性爱场景从平均每小时3个增加到5个。1/3的青少年在无意中接触到了互联网上的性内容，而几年前这个比例只有1/4。

我的育儿观点也发生了变化。我的女儿艾丽莎在16岁时撰写了这本书的前言。而现在，她已经大学毕业，搬进了她的第一套公寓，并从事生殖健康领域的工作。我的儿子格雷戈里现在就读高中。在艾丽莎长大成人的过程中，以及我养育十几岁儿子的过程中，我直接体会到了抚养后青春期孩子的酸甜苦辣。自从本书出版以来，我也有幸与全美数百个家长群体进行了交流。

我已更新本书的内容，以便包含有关青少年性行为的最新信息和见解。我还写了新书《21世纪父母必读》(*What Every 21st-Century Parent Needs to Know*)，更深入地探讨当今广泛的育儿问题。

但自第一版发行以来没有改变的是，在针对孩子和青少年的性行为教育方面，每个父母都希望能比自己的父母做得更好。而今天的孩子们则渴望并期待他们的父母更平易近人、更诚实，也更愿意面对性问题。他们希望我们为他们提供信息和指导，最重要的是，给他们更多我们的时间和关爱。要与他们谈论你的价值观，融入他们的生活，并充分地关爱你的青少年，让他们知道你永远都会帮助他们。要以有利于他们成长的方式，怀着觉醒、喜悦、责任感和谨慎的态度，来赞美他们的性发育。在他们需要时伸出援助之手；记得告诉他们你爱他们。这些岁月转瞬即逝。

黛布拉·W. 哈夫纳

第一版序言

每当我与同龄人谈论性话题时，我都会意识到，我的成长方式有多么不同。在我蹒跚学步之时，我的母亲便教我了解身体各部位的正确称呼，而不是使用错误的名字。当我陪着妈妈购物时，她会问我，我想要通过着装风格表达什么样的信息。如果我的家长没有与举办派对的家长沟通过，他们绝不允许我去参加派对。今年的光明节，我收到了《我们的身体，我们自己》(*Our bodies, Ourselves*)，这意味着在我母亲的眼中，我在情感上已经成熟了。在我小的时候，我的母亲就开始引导我，并回答我关于性的问题。我认识的大多数青少年都没有与父母公开交流过这个话题。

但是，作为性教育工作者的女儿有时并非易事，我经常为此感到尴尬。最新的青少年杂志上有我妈妈撰写的文章，或者她想和我的朋友谈一谈性；所有电视节目、电影或新闻故事在谈到性时，都少不了邀请她来进行对话。我的生活就是在不断地接受教育。有时候，我觉得我的妈妈总是想跟我谈性问题。

不过，我很高兴的是，我可以和妈妈谈任何事情，而我的大多数朋友根本无法坦然地与父母谈论性行为。当他们年满12岁时，大多数父母都给了他们一本书，但仅此而已。似乎大多数父母都会担心他们的青少年孩子饮酒、吸毒、约会、参加派对，并且最重要的，是担心我们是否会发生性行为。他们似乎不相信我们。

其实，这是真的，我认识的某些同龄人并没有做出最好的决定。有些人会反抗过于严厉的父母，而有些人的父母似乎并不关心孩子在做什么。很多家长都不了解当今青少年的感受。如果做青少年的父母是件难事，那么，做青少年就更难了。许多青少年感到非常紧张：要在学校表现出色，要适应环境，要受到欢迎，要具有魅力，要在体育比赛中获胜，还要安排好所有这些事情。

青少年非常希望与父母保持良好的关系。如果你伸出援手，大多数青少年都会做出正确的决定。我们希望能够在家中公开地进行交流。我认识的大多数青少年都能做出正确的选择，并处理来自同伴的压力。

不要等你的孩子说："我今天想跟你谈谈性。"这种事情不会发生。当然，也不要等到你在孩子的房间里找到避孕套以后才开始交流。你可能需要主动发起讨论，最开始可能很难，但是，如果我们觉得你在坦然地和我们交谈，大多数青少年都会和父母谈一谈的。

这就是本书的用武之地。我已经亲身领教了我妈妈的育儿方式。我想我可能最有资格评判，与你的孩子和青少年谈论性行为是否会对他们的生活产生积极的影响。我确信，与青少年谈论性行为并不会鼓励他们发生性行为，与你的青少年孩子交流将有助于他们现在和以后做出正确的决定。

所以，这是底线。我们希望能够与父母诚实而坦然地交流，我们希望知道父母乐意帮助我们。最重要的是，我们希望得到尊重和信任。我想，与你的青少年交流会营造这种良性关系，这本书可以帮到你！

艾丽莎·哈夫纳·塔特格莱恩
（Alyssa Haffner Tartaglione），16 岁

基本常识

== 第一章 ==

The Basics

今年秋天，我的女儿艾丽莎就要步入高中，即将进入青春期的新阶段，为此我感到很兴奋。我惊奇地看到，她逐渐成长为女青年了。有时候，当我看到她从楼上出现时，会觉得她非常像个漂亮的女人，丝毫也不像我们的小女孩，这让我感到惊慌失措。

像大多数青少年的父母一样，我感到非常害怕。她会继续很容易交到朋友吗？她的初恋会是什么样的呢？有人让她心碎时又会怎么样呢？她将如何处理来自同龄人的压力呢？她在性方面日益成熟，我们真的为此做好准备了吗？

如今，当好青少年的父母并不容易。坦诚地说，我发现养育青少年是一件很尴尬的事情。

过去，我总是认为自己是非常出色的青少年家长。毕竟，我从事青少年教育已经超过 20 年。我班里的学生都非常爱我，我喜欢他们的朝气蓬勃、乐于奉献和桀骜不驯。

身为成人而能够理解青少年，我为此感到非常自豪。我了解青少年的若干常规发展阶段。我拥有多年的经验，擅于帮助青少年面对同龄人压力以及性感受，并脱离父母获得独立。

然而，我的女儿上了初中之后，我的这套理论就受到了考验。她12岁的时候，在我和她再次争吵之后，她用嘲讽的眼神看着我，总结说："你应该是我们这个年龄段的教育专家啊！"

如今，我确实是我女儿这个年龄段的专家了，我已经从事青少年工作25年了。我为青少年提供临床心理辅导，并为学校、社区机构和教堂讲课和开办讲习班。我也为青少年筹划节目和准备素材，甚至还筹划和协调青少年性健康国际委员会（National Commission on Adolescent Sexual Health）的活动。

当然，对我的女儿艾丽莎和儿子格雷戈里来说，在他们进入青春期时，这些经验确实会帮助我成为更合格的家长，了解孩子可能经历的各个发展阶段，思考我想要传递给孩子们的性道德，并与不爱交流的16岁青少年进行接触并保持沟通。

但是，即使对专家来说，青少年的教育也是难点。在每年的青少年医学年会上，医师们、心理学家们和护士们会当面讨论他们与自己的青春期孩子打交道的情况。在其他青少年父母的眼里，这些人是专家，但他们也很难解决好自己孩子的教育问题。其中，帮助孩子建立性认同感，是青少年教育中最困难的任务。

我能够猜到，很多读者读到这里会深吸一口气：什么是性认同？谁说我希望孩子建立性认同感呢？作者到底在谈论什么呀？

心理学家告诉我们，建立性认同感是青少年发育的关键任务。这是什么意思呢？首先，处于青春期时，孩子在生理上逐渐成长为成人，正在发展自我控制能力。第二，这么多年来，这是他们初次经历成人般的性感受，几乎所有的青少年都会开始独自或与同伴共同尝试某些性行为。第三，他们对男女性别有了新的认识，对自己的性取向（无论是同性恋、异性恋还是双性恋）有了更强的观念。

所有这些改变对父母来说都是难题，你很难理解你的"小宝贝"正开始成为有性行为的人。当你意识到16岁的女儿或儿子性成熟了，具备了成人的身体，这会让你感到气馁。当你注意到孩子的性兴趣如花般蓬勃绽放，又与自己中年的性变化相比，你甚至会感到嫉妒。

这也是让人害怕的事情。青少年的性行为现状令人担惊受怕。确实，作为青少年的家长，他们可能会完全陷入恐慌之中。

请考虑以下这些事实：

◎ 几乎半数的高中生有过性交经历。
◎ 一般情况下，少女的初次性交经历发生在高中高年级期间；少男的初次性交经历发生在高中低年级期间。
◎ 10个青年女孩中，超过4个会在20岁生日时怀孕。
◎ 超过1/4的青少年在青春期有了性交之后会感染性病。
◎ 艾滋病患者以及艾滋病携带者中，增长最快的人群是15—24岁的青年。

这些例子不是只发生在别的孩子身上的事情，也不仅仅是统计数据，每个例子都意味着一个鲜活的青年，他们的家人也因此遭遇了这些足以改变生活的不幸。90%以上的美国青少年尝试过性行为。换句话说，除非你的孩子完全不合群，否则，在读高中时，他们可能将会和别人一起探索性行为。要牢记的是，性和性交不能画等号：牵手和接吻对于15岁的青少年来说已经属于很热烈的性行为了。即使那些不合群的青少年，也可能通过手淫、色情书刊和网络来探索性。青少年怀孕以及性病波及美国的所有种族和社会经济团体，无论这些青少年是生活在农村、城市还是任何一个州。

好吧，我们停下来做个深呼吸。当我和青少年的父母谈论这些问题和分享这些数据的时候，他们常常面容失色。我注意到，有些父母甚至会把头埋进双手里。可以想象得到，当他们初次听到这些事实之时会有多么震惊。我们不妨再做个深呼吸。

我希望你们知道，这本书传递的是好消息。如果我告诉你，你的行为和干预会对青少年的人生产生重大影响，你会有什么感受呢？我向你们保证，如果你们采纳书中的建议，他们就不太可能草率地涉足性行为。但我不能向你保证，这对所有青少年都行之有效，也不能保证你的孩子就因此不会在青春期发生性行为。如果到目前为止，你已经顺利地将孩子养育到了青春期，你就应该明白，有些法则并不适用于所有孩子，有些孩子比其他的孩子更难教育。通过这本书你将会明白，对于那些令人头疼的孩子，他们应该获得额外的咨询和帮助。

然而，对大多数青少年而言，好的养育就能产生变化。北加利福尼亚大学和明尼苏达大学的科学家对全国12000多名青少年进行了调查研究，发现父母的教导非常重要。如果青少年与父母有心灵沟通，他们就不太可能喝酒、吸毒、耽于暴力以及进行没有保护措施的性行为。在每天的重要时间——孩子们起床、放学、就餐和睡觉的时候——父母的陪伴都会产生影响。但是更重要的是，要能够让孩子感受到你的关心和疼爱。研究人员发现，如果父母在家庭中明确表示不允许性交，那么家中的青少年孩子可能会更晚涉及性行为。其他研究发现，如果父母在家庭中与孩子谈论性知识，那么孩子就可能更晚涉及性行为，当他们性成熟以后，也更可能会采取避孕措施和使用避孕套。

性健康家庭

在我的书《从尿布到约会：家长指南之养育性健康的儿童》中，我介绍了性健康家庭的概念。性健康家庭培养出性健康的孩子和青少年，他们长大以后会成长为性健康的成年人。

现在，请容许我再啰唆两句，先解释一下性和性别以及性行为之间的差别。当我说到性健康的家庭时，并不是指性行为。性涉及男人和女人的区别，而不是关于我们身体某部分的行为。性包括性方面的知识、信仰和态度、价值观以及行为。你的性不仅由你的身体和感情来定义，也取决于你的文化背景、家庭背景、经历和信仰。我们从出生到死亡都会涉及性。

所以，当我谈到青少年性健康时，表达的是什么意思呢？青少年的性是否健康，并不取决于他们避免或采取的行为。有些青少年是处女或处男，但他们的性可能并不健康，有些青少年拥有性经验，但他们的性可能很健康。反之亦然，性远远不止是我们的生殖器官或者我们如何对待自己的生殖器官。依据青少年性健康国际委员会的看法，性健康的青少年会欣赏自己的身体，对他们自己的行为负责，与父母保持有效的沟通，与男性和女性都能够礼貌并有效地交流，并根据他们的年龄妥善地表达爱意和亲昵。

性健康的青少年并不是偶然长成的。他们的父母把青春期的性教

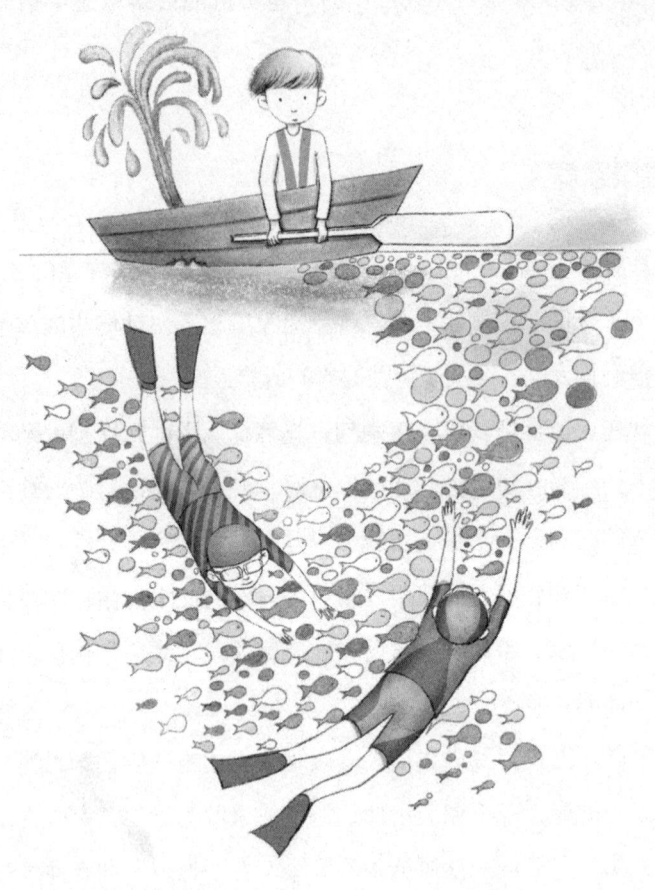

有些青少年是处女或处男,但他们的性可能并不健康,反之亦然,性远远不止是我们的生殖器官或者我们如何对待自己的生殖器官。

育视为重要责任，并且会营造良好的家庭氛围，以便自然轻松地讨论性话题。性健康的青少年明白，他们随时可以向父母寻求帮助，因为父母深深爱着他们。

然而在这个重要问题上，许多父母都会让孩子感到失望。恺撒家庭机构（the Kaiser Family Foundation）的近期研究表明，几乎每10个家长中就有4个家长会说，他们从来没有和自己的青少年孩子谈论过两性关系和性成熟。不到半数的家长和孩子谈论过避孕措施和性病预防措施。（但是这些父母比他们自己的父母做得要好：只有不足1/5的父母记得他们自己的父母谈论过性病或者避孕措施。）

最近，我的女儿艾丽莎和其他的青少年一起参加了一个谈论性和青少年的研讨会。结果，她告诉我："妈妈，我意识到我的成长方式与大多数孩子真的不同。"我问她这是什么意思，她说，"大多数孩子从来没有和父母谈论过性，他们的父母最多在12岁时给他们看看书。"事实上，这种"书籍综合征"好像很常见。许多父母告诉我，他们给孩子买了关于性或青春期的书，随后把书放在即将步入青春期孩子的房间里，然后就再也闭口不谈。

尽可能诚实地回答这些问题：

◎ 你尊重你的孩子吗？
◎ 你相信你的孩子吗？
◎ 你是否拥有性方面的知识？
◎ 在你自己早期的亲密关系中，你本人是否以身作则，体现出了健康的性态度？
◎ 你经常和青少年谈论性方面的问题吗？

◎ 孩子的观点，你真的尽力去理解了吗？

◎ 在校外派对和其他活动上，你会设定并坚持某种原则吗？

◎ 你是否积极融入青少年孩子的生活？

◎ 对于孩子的朋友或者恋爱对象，你有没有关心过？

◎ 你为孩子营造的环境能够帮助他并给予安全感吗？

◎ 在寻求生殖健康方面，你是否为孩子提供了帮助？

诚实地说，有几个问题你会回答"是"？你想要在哪些方面有所改进呢？根据青少年性健康国际委员会对性健康父母的定义，一个肯定的回答就代表着你具备其中的某个特征。在接下来的章节里，我将提供若干想法和方案，可能有助于你培养青少年。

如今，有很多不同类型的家庭。对儿童和青少年来说，我相信所有类型的家庭都可能成为性健康家庭。你们大多可能是孩子的亲生父母，但是也有可能是祖父母、阿姨和叔叔、继父母或养父母。在这本书中，我已经尽力涵盖了所有类型的抚养方法。对于单亲、离异父母、同性恋父母来说，有些特殊问题可能会产生影响，关于这些问题，我在接下来的章节中会谈到这些特殊方面。不过，如果父母和家庭希望采取可靠而健康的方式来培养青少年对性的认知和态度，这些建议在很大程度上也是适用的。

"好孩子"

我们都知道，即使青少年来自良好的家庭并且拥有合格的父母，他们在学校依然可能陷入麻烦之中：饮酒、开车并发生性行为。我们也知道，尽管有些青少年的家庭背景和家庭环境都很糟糕，但是他们却能出类拔萃。

令人惊讶的是，美国人对自己的青少年孩子都很失望。根据安可达公共非营利组织（the nonprofit group Public Agenda）的调查研究，大多数美国人都说，他们对"如今的这些孩子"很失望，并且几乎 3/4 的父母会使用贬义词来形容自己青春期的孩子，例如粗鲁、不负责任、野蛮。只有 1/6 的父母会使用褒义词来形容他们的青少年孩子。当然，年轻人惹恼他们的长辈并不是什么新鲜事。早在两千年以前，苏格拉底就这样形容青年人："即使长辈走进他们的房间，他们也不会变得矜持或彬彬有礼。他们在同伴面前喋喋不休，在餐桌上狼吞虎咽，还会跷着二郎腿，并且对老师颐指气使。"

幸运的是，大多数青少年都自我感觉相当好。大约 3/4 的青少年说："我总是相信，在我需要父母的时候，他们始终都在。"有的青少年说："信仰上帝对我的生命非常重要。"也有的青少年说："我总是相信，在我需要朋友的时候，他们始终都在。"有超过半数的青少年说："我基本上感到很快乐。"我认为，作为父母，鼓励青少年孩子并帮助他们茁壮成长是我们的重要工作。

在过去几年里，许多研究都聚焦在心理学家所说的脆弱性和承受能力方面。换句话说，哪些因素让"好孩子"变好的？是哪些因素让某些孩子健康地成长？又是哪些因素让某些孩子更容易耽于暴力、挥霍无度或者年纪轻轻就怀孕呢？父母该怎样帮助他们？

健康的青少年应具备以下四个方面的优势：能力、人际交往、性格、自信心。能力是指青少年在学校、社会和工作中能游刃有余。人际交往是指青少年能关爱同学、父母、家人以及社区里的其他成年人。

性格指的是诚实、乐于助人、言而有信、为人正直。自信心是指年轻人对未来充满希望，有理想和目标，自尊自爱。

在青春期期间，家庭和学校对孩子的影响可能是最大的。明尼苏达州研究所确定了与家庭和社区相关的 40 种特性，这些特性能帮助青年人成为健康、善良、负责任的成年人。

如果家庭能够给予很多支持和关爱，青年人就更有可能表现良好，乐于和父母交流，并能够从父母那里获取建议和忠告。但问题是，大多数父母在这个重要方面会让孩子感到很失望。太多的父母在孩子步入青春期后，会患上我所说的"父母缺失综合征"。最近，我遇到了一个 13 岁的小女孩，她跟着她妈妈来的，她妈妈每天从家庭办公室给她发两封邮件，列出她要做的事情，而不是坐下来和她聊天。"父母缺失综合征"之所以产生，部分原因是如今有些父母是双职工或者是单亲家长工作时间太长。美国医学研究所（Institute of Medicine）报道，青少年有多达 40% 的时间处于无组织、无人监督且闲散的状态。

但是，这不仅仅是父母陪伴孩子的时间太少的问题。很多父母开始慢慢远离青少年的生活。他们不再限制孩子的行为，不再过问他们放学后或周末会去哪里。他们告诉我："我都已经试过各种办法了，我不知道现在还能做些什么，所以我放弃了。"

他们把自己的青少年孩子长时间独自留在家里，疏于监督，或者甚至在周末的时候就离开了，让孩子来接管这个家。他们感觉孩子们已经够大了，已经不需要监督了，也不需要为他们安排露营或者带他们外出度假了。你还记得电影《乖仔也疯狂》（Risky Business）吗？汤姆·科鲁兹（Tom Cruise）扮演的主人公被父母留在家中独自过周末，他在家里举办了盛大的宴会，甚至还勾搭上了妓女。然而，这并不仅仅发生在电影里。在我们镇上，警察告诉我，他们每年都会解散许多没有家长参加的青少年聚会。事实上，有一群十几岁的孩子曾经告诉我，他们参加的每个聚会都会被警察解散！

在这本书中，首先也是最重要的经验之谈就是融入孩子的生活。我读过的最悲伤的故事，是在科伦拜高中发生的青少年枪击谋杀案，据说，其中一个杀戮者的父亲在接受采访时说："但是我认为我已经完成了抚养任务。"

你并没有完成任务。事实上，抚养青少年是养育过程中最重要也最艰难的阶段。你可能听过这样的谚语："小孩子，小问题。大孩子，大问题。"帮助你的青少年正确面对他们的性问题，是抚养青春期的孩子最大的困难。美国医学研究所的研究显示，如果父母引导恰当，制定好规矩并严格监督，青少年就不太可能参与性交、吸毒和有反社会行为。

但是，决定青少年表现的并不只有父母。"好孩子"也有友善的邻居和温暖美好的学校环境。研究机构发现，在"好孩子"的生命中，除了父母之外，至少有三名其他成人关爱着他们。研究发现，如果青少年认为自己拥有成年的良师益友，那么他们不太可能会涉及性交。停下来想想：在孩子的青春期中，有几个对他意义重大的成年人呢？如果孩子遇到问题，不能向你求助，有没有其他成年人能够让他放松交流？在你女儿的生活中，她有可以信赖的其他成年人并与之相处得不错吗？

他们还发现，"好孩子"还积极参加学校、社区和宗教机构的活动。实际上，研究表明，除了在校时间，这些青年人每周参加活动的时间超过17个小时。

想想你十几岁的孩子，他/她每周的时间如何分配？

◎ 花了多长时间学习功课、练习音乐、话剧和其他艺术？
◎ 在青少年活动上花了多少时间？例如运动、俱乐部或者学校和社区组织。
◎ 花了多长时间参与教会、犹太会堂或者清真寺的活动？
◎ 读课外书呢？
◎ 做家庭作业呢？
◎ 与朋友闲逛呢？

研究机构调查过"健康、负责任、有爱心"的孩子，下面是他们每周的时间分配：

◎ 参加创造性活动3个小时
◎ 参加青年活动3个小时
◎ 1个小时或者更多的时间参与宗教活动
◎ 每晚至少做1个小时的家庭作业
◎ 每周至少读3个小时的课外书

可能最重要的是，他们花时间和家人相处。这些"好孩子"每周和朋友出去无所事事闲逛的时间不会超过两个晚上。你的孩子是如何分配时间的呢？你知道吗？如果孩子没有参与这些活动，你该怎样鼓励他参加呢？如果孩子整天窝在沙发上看电视或者待在电脑前，那么，你就不要指望他的生活会骤然改变，马上能够每周参加17个小时的活动，要试着让他们从参与一项活动开始!

"好孩子"也会和其他的"好孩子"一起玩耍。在接下来的几章里，我会多次提到，了解青少年的朋友是十分必要的。青少年和朋友相处的时间几乎是与父母相处时间的两倍。青少年通常会选择和自己志趣相投的朋友。研究表明，大多数青少年有 2—4 个与自己情投意合的挚友。不喝酒、不抽烟和不参与性交的青少年，通常结交的朋友也是这样的。作为成年人，我们常常担心自己的孩子承受不了"同伴压力"。然而研究告诉我们，同伴压力是把双刃剑：适当的同龄人团体能够产生积极影响。(如果你不喜欢孩子的朋友、男朋友或女朋友该怎么办呢？在接下来的章节里我会详细阐述。)

研究机构还发现，表现良好的孩子会有非常积极的自我认识，对"即将发生的事情"，他们相信自己可以应对。他们有很强的自尊心，确信自己的"生活有明确的目标"，对自己的未来非常乐观。

读到这里，有些读者可以松口气了："上述提到的大多数标准，我的孩子都符合。"有些读者可能更焦虑了："我的孩子是个电脑迷。"有些读者可能觉得自己的孩子与研究机构的"好孩子"标准相差很大。有些读者可能会担心，自己的孩子就是那类问题学生。接下来，我会为读者们提供一些建议。

这里我想阐述的是，父母可以在这些变量方面对孩子产生影响。当然，父母可以营造这样的家庭环境：至少确保每周全家人能够团聚吃几顿晚餐，尽量在睡觉的时间待在家里，以便让孩子感受到你对他的关爱。我知道，天下没有完美的父母。如今，我们很多父母为了养家糊口，在晚餐或睡觉的时间还在加班，或者拼命工作去维持家人的基本生活。所以抚养变得很艰难，因此要琢磨若干简单的方法，确保孩子能感受到父母的关爱。如果你不能按时回家，你可以在睡觉时间给孩子打个电话或发个短信，或者写个纸条放在孩子的枕头上，这些方法可以帮助孩子知道你是爱他们的。

你也可以鼓励孩子参加其他的活动，建议他们到社区做义工，鼓励他们参加运动、戏剧、音乐或者青年社团活动。当然，不是所有的孩子都愿意参与，作为高中生，他们可能没有从事这些活动的天赋。然而真正重要的是，除了学校和家庭，他们参与别的活动。你可以邀请孩子和你一起做礼拜，鼓励孩子和其他的成年人做朋友：青年社团的领导者、青年牧师、叔叔和阿姨，大哥哥大姐姐或者家人的朋友。

你可以鼓励孩子在学校好好表现，督促并辅导孩子完成比较复杂的家庭作业。如果孩子出现了问题，父母可以在学校家长会上和老师进行沟通。你可以和孩子谈谈他们对未来的规划，如果他们热爱学习，你可以帮助他们做好上大学的准备。

你可能会问自己："这些和性行为及性有什么关系呢？"研究表明，如果青少年孩子充满自信，在学校表现良好，生活得充实而忙碌，那么在他们情感发育成熟之前，不太可能涉及性行为。例如，几年前某项关于少女运动员的研究表明，她们通常不会性交，也不会怀孕，即使有人发生性行为，与不参加运动的少女们相比，她们也会采取避孕措施。其他研究表明，即便只参加一个课外活动小组，也能减少青少年的冒险行为，减少青少年产子的可能性，并增加顺利完成高中学业的概率。

在工作中接触了数千名青少年之后，我的直观感受是：要防止青少年过早涉及性行为及怀孕，最重要的方法就是在青少年的生活中，让他们感受到成人对他们的关爱，并督促他们达到高标准。换句话说，无论你的孩子是在曲棍球队，或者在美国女童军组织、乐队、象棋俱乐部还是教会的青年团契，这都无关紧要，但前提是，他们要积极参加家庭以外的活动，并且有成年人关爱并监督他们。这种自我价值感和积极的身份认同感，是建立健康的成人亲密关系的重要基础。

成人遗忘症

成年人常常表现得好像自己从来没经历过青春期，对此我感到很惊讶。我们所有人曾经都是青少年，经历过青春期的快乐、失意和尴尬。当你还是青少年的时候，你可能初次恋爱；当你还是青少年的时候，你可能经历了初次性高潮；当你还是青少年的时候，可能初次发生了性行为……即便没有性交，即便没有涉及其他人。

在我们继续往下谈论之前，我希望你们试着回想下，自己的青春期是什么样的。或许你可以闭上眼睛，回忆自己 15 岁时的样子。你可以翻翻自己的相册，找找自己青少年时候的照片，或者，如果能翻出你的高中毕业照那就更好了。

现在试着回想：

- ◎ 对于自己的身体，你有怎样的感受？你喜欢你的外貌吗？
- ◎ 你穿什么类型的衣服？留什么样的发型？化什么样的妆？
- ◎ 你认为成年人会如何看待你的外表？
- ◎ 初次约会牵手是什么感觉？
- ◎ 你的初次约会地点是哪里？对方是谁？干了些什么？约会前、约会时和约会后分别是什么感觉？

◎ 谁是你的初吻对象？谁是首个湿吻对象？你喜欢那种感觉还是讨厌那种感觉？你们在哪里接吻？你跟你的父母说过这些吗？（可能没有，对吗？）

◎ 首个让你痴狂的人是谁？没有得到回应吗？还是他们也爱上你了？你是怎么发现自己爱上了别人的？

◎ 谁是你的初恋？你是怎么知道你恋爱了呢？

◎ 当你谈恋爱的时候，你周围的成年人是什么反应？（你周围的成年人知道你恋爱了吗？）

◎ 你和初恋发生了哪些性行为呢？你如何决定进行到什么程度？你和父母谈到过这些吗？（可能也没有，对吗？）

◎ 当你15岁的时候，你是如何看待性的？你手淫过吗？和你的朋友谈论过性吗？对性交充满好奇心吗？或者对某个同性或者异性产生过性幻想吗？

追忆昔日的感情是种什么样的感受？对某些读者来说，青春期像微风那样轻柔和顺；而对其他读者来说，青春期充满着悲痛、困惑和孤独。对如今的青少年来说，也是如此。

如今的青少年，可能和你青春年少时一样，经历着类似的性感受。心潮澎湃、性欲萌发却又担惊受怕。害怕父母会察觉到自己的思想、行为、恋情以及性幻想。

但这并不是说，事情始终毫无变化。从我妈妈的青春期到现在，青少年的性行为发生了翻天覆地的变化。我妈妈18岁结婚，19岁怀上我。她和她的大多数朋友一样，尝试过性行为，但是直到新婚之夜才有了性交。在20世纪50年代，青少年最普遍的性经验就是爱抚。

那时的青少年生理成熟较晚，结婚较早，除了年纪较大、已经订婚或者结婚的青少年会有性交，其他人通常不会发生性交。

然而，当我们还是青少年时，青春期性行为的变化远远不如目前这样剧烈。确实，正是我们这代人（我猜测，如果你的孩子正处于青春期，你可能介于35—55岁之间，尽管有些人的年龄可能更大或更小。）改变了青春期性行为的准则。婴儿潮的最早一代宣扬"要做爱，不要作战"，他们从根本上改变了大学对性的接纳程度。对稍微年轻点的人来说，正是我们这代人让青少年性交成了惯例。从1971年到1979年，青少年性交比增加了2/3。当我告诉别人，初次性交的平均年龄就是从1970年开始降低的，他们都感到不可思议。在1970年，男生初次性交的平均年龄是17岁，女生是18岁。现在，男生初次性交的平均年龄是16岁，女生是17岁。尽管所有的广告和媒体都在大肆宣传青少年过早地涉及性行为，性交的平均年龄和1970年相比也只相差了1年。

与祖父母辈相比，如今的青少年生理成熟较早，结婚较晚。美国独立战争时期的家庭圣经（family Bibles）记录显示，女孩子的第一次经期在17岁左右，即医疗专业人员所谓的初潮。在1860年，女生初潮的平均年龄在15岁。如今，女孩初潮年龄是12岁，而且近期的研究发现，相当多的女孩早在小学二三年级就开始经历青春期的变化。结婚的平均年龄，从1950年女生20岁，男生23岁，到2005年增长至女生25岁，男生27岁。如今，超过半数的青少年在中学时就开始有性交，大多数青年在结婚之前会有多个性伴侣。

如今，青少年要面对的最大变化就是艾滋病和HIV病毒的传播。20世纪70年代中期，我还在读大学，没有人会特别担心感染性病。

我们都知道，梅毒和淋病是可以治愈的，而且这是在大多数人都知道疱疹之前。相比之下，现在的青少年都明白，性行为可能会感染HIV病毒和艾滋病。1981年，最早的艾滋病例确诊了；1985年，人们发现了这种病毒并了解到它具有传染性。像我女儿这代青少年，从他们还是小孩子的时候就知道艾滋病了，毫无疑问，艾滋病影响了他们的性观念。

HIV/艾滋病、怀孕、性传播疾病、早期性行为，希望我已经说服了你，必须积极参与并帮助你的孩子应对这些复杂问题。其中的关键在于要积极融入孩子的生活，并了解沟通这些问题的方法。

交流建议

我知道有些读者会对自己说："说的都很对，方法也很好。但是我的孩子从来都不会待在家里。"在艾丽莎高中第一学年期间，她每周有3个晚上和一整个周六都在乐队排练。她周末的大多数时间都花在乐队比赛上，我们会在观众席加油，经常午夜过后我们才从学校停车场把她接回家。在乐队的演出季时，家庭晚餐只有周日和周一晚上。对于许多有青少年的家庭来说，即使当青少年在家时，你问他们"你今天在做什么？"他们也只会简单明了地回答你："没做什么。"

如果我们无法和他们交流学校当天发生的事情，那父母也几乎不可能和孩子谈论性健康问题。针对14—17岁青少年的研究表明，只有1/2的青少年会和妈妈谈论如何决定何时性交，不到半数的青少年会和妈妈谈论生理发育，1/6的青少年会跟妈妈谈论手淫问题。然而，青少年跟爸爸的交流就更少了：只有1/3的人回忆起他们曾与父亲谈论过如何决定何时性交，只有 15% 的人与父亲谈过生理发育问题，只有 8% 的人与父亲讨论过手淫。无论男孩还是女孩，都更可能和母亲谈论性方面的话题；当然，相比之下，男孩更可能与他们的父亲交流性问题。例如，半数以上的青少年男孩说，他们的父亲曾与他们提过避孕套，只有 27% 的女孩和父亲有过这样的交流。

这里有个快速测验，来检测你是如何跟青少年孩子交流性话题的。如果你跟孩子谈论过这个问题，就请在这个问题后面打钩。

父母的交流测验

你和孩子探讨过以下问题吗？

- ◆ 约会
- ◆ 不要性交
- ◆ 避孕措施
- ◆ 避孕套
- ◆ 设置性界限
- ◆ 你对婚前性行为的看法
- ◆ 艾滋病和 HIV
- ◆ 恋爱
- ◆ 婚姻
- ◆ 性快感和性高潮
- ◆ 性骚扰
- ◆ 约会强奸

- 性取向
- 酗酒、吸毒和性
- 如果孩子正在考虑性交，该怎么办？
- 如果孩子觉得自己可能怀孕了或感染了性病，怎么办？
- 你对未来的期望
- 媒体对性的描述
- 你对性的宗教观
- 恋人身上的优良品质
- 在发生性行为之前，他或她应该拥有什么样的恋情？

得分

每勾选一个选项则计为一分。

◇ 18—23 分：恭喜你，身为父母，显然你已经在与孩子交流性问题了。

◇ 11—17 分：你已经开始和孩子谈论性方面的重要问题了，读完本书以后，你将会深谙此道。

◇ 低于 10 分：不要着急，你还有时间，当你开始读这本书时，就已经迈出了第一步。

让你的孩子参加这个测试可能会很有趣，问问他们是否认为你和他们交流过这些问题。研究表明，妈妈和孩子在多数时候对是否讨论过某些话题存在分歧，妈妈们认为某个话题已经谈论过很多次，但孩子并不这样认为。例如，在参与研究的约 1/4 的母子/女中，妈妈们认为，她们和孩子谈论过避孕、HIV 病毒、艾滋病、生理发育以及性行为带来的压力，但是孩子们认为，她们并没有谈论过这些话题。有时候，只是我们单方面认为我们始终在和孩子沟通！

结合我在工作和个人生活中与青少年的交流经验，我总结出了以下基本准则，它们有助于父母与青少年孩子交流性话题。

要记住，孩子渴望了解你的价值观。在许多研究中，青少年告诉研究人员，他们希望与父母讨论他们觉得很重要的话题。在恺撒家庭儿童基金会的一项研究中，超过 90% 的青少年表示，他们很乐于与父母交流酒精、毒品、暴力、艾滋病和性行为的话题，超过 90% 的青少年在进行过这种交流以后，认为父母为他们提供了很好的建议，告诉他们在生活中应该如何对待酒精、毒品、暴力、艾滋病和性行为。只有 20% 的青少年表示他们不想听父母谈论性。超过 25% 的青少年认为，父母应该谈论的最重要的问题是预防性病感染和避孕。20% 的青少年认为，父母应该谈论的最重要的问题是约会、人际关系和性。20% 的青少年希望父母与他们讨论何时进行以及如何拒绝性接触。

但是首先，父母必须知道自己想传递哪些价值观。许多青少年的父母并没有真正花时间去思考自己对青少年性问题的看法和价值观。在接下来的每个章节，我将会提供若干测试题，来帮助你认识那些可能会对青少年产生影响的价值观。答案没有对错之分，它们仅仅反映了你自己的家庭价值观。正如我在写这本书时与父母谈过的那样，家长们想要传递给孩子的性价值观堪称五花八门，这让我印象深刻。你和孩子的另一位家长是唯一能向孩子传授个人性价值观的人，如果你们不引导，还能指望谁呢？

和孩子分享你的价值观具有重大的意义。美国疾病预防控制中心（U.S. Centers for Disease Control and Prevention）的研究表明，与没有和父母谈论过避孕、HIV 病毒、青春期和生育问题的青少年相比，经常和父母谈论这些话题的青少年，更乐于接受父母对于青少年性行为的价值观。所以，要让孩子知道你的想法。

在性问题上不要和孩子讲"大道理"（Big Talk）。父母在对孩子进行性教育时，最大的误区就是认为单向沟通就足够了。我领导了美国性知识教育理事会(SIECUS) 这个机构 12 年，每周都会接到电话，问我讲大道理时应该包含哪些内容。我甚至还看到过指导我们如何进行重要谈话的书和杂志。

当你还是个青少年的时候，你的父亲或母亲会让你坐下，跟你唠叨性方面的大道理吗？我们中的一些人可能在新婚前夜还在听父母讲这些大道理！但是事实上，这些大道理可能对你根本不起作用，所以对你的孩子来说也是这样。讲大道理可能只会让你的孩子觉得，你们在谈起性话题时彼此都不自在。

对孩子的性教育和教给孩子其他重要的价值观问题一样。我从来没听说过，父母应该在上帝、宗教信仰甚至餐桌礼仪方面跟孩子讲大道理。父母必须寻找性教育专家所说的"可教时刻"（teachable moments），循序渐进地引导孩子。只要在日常生活中能够自然而然地、轻松地向孩子传达性方面的信息和价值观，这都可以视为可教时刻。它可能是新闻中的某个故事，可能是你和孩子共同观看电视节目时的反应，也可能是孩子新买的唱片中的一首歌。可能在你或者孩子准备约会的时候；也可能与他们的社会研究、英语或健康课程的作业有关。在接下来的每个章节，我会指出青少年具体发展阶段中可能出现的若干可教时刻。

许多青少年的父母向我抱怨,他们的孩子从来不向他们讨教性方面的问题。如果在此之前,在性方面你从来没有对孩子敞开心扉,今晚回家吃饭的时候,他们也不可能说:"爸爸,我想知道,你对手淫有什么看法。"或者说,"你能告诉我更多关于避孕套的功效吗?"在开始讨论性话题之前,不要消极等待孩子向你提问或等他产生兴趣,而要主动寻找和把握教育的时刻。

然而,与较小的孩子不同,你需要摸索出微妙的方法,来识别这些教育时刻。我好朋友的儿子今年14岁,他对我朋友说:"妈妈,我们能不能就看看电视,什么都别说,不要总是寻找机会教育我。"几年前,艾丽莎和我正推心置腹地谈论性快感,过了几分钟,她离开了我的房间,走向她的卧室。我还在继续喋喋不休,她大喊道,"妈妈,这是你自我教育的时刻!"她说的没错。

你不必非要感到很自在,也不需要知道所有问题的答案。 无数的父母曾经跟我说,他们不愿意谈论性,因为他们可能会感到很尴尬,或者当他们不知道问题的答案时,会担心自己显得很愚蠢。这是很正常的,我和自己的孩子谈论性的时候,有时也会感到不自在,而我还是专门吃这碗饭的呢!感到不自在的时候,你可以告诉孩子:"好吧,我感到有点尴尬。这么直白地谈论这些问题,我觉得很困难。我的父母真的没怎么跟我谈论过性,但是我觉得它非常重要,所以我希望我们能够谈谈这个话题。"

要是他们问的问题把你难住了,该怎么办?那也没有关系。没有人对性无所不知,对我来说也是这样。多年前,我在教堂里给初中生上课,我们有个"匿名问题盒",学生们可以在盒子里留下很私密的问题。每周都会有问题难倒我。有的学生问：最大的阴茎有多长呢？我答复说：美国男人的阴茎勃起时通常不超过 22 厘米。大多数男人的阴茎勃起时介于 12—18 厘米之间。还有的学生问：英国国王会在他生日的那天发放避孕套吗？我会说：英国国王不会，但是泰国的国王会这样做。

对于孩子提出的问题，你可能不知道答案，但对此你可以做好心理准备。告诉孩子你不知道答案之后，你可以主动帮助孩子查询这方面的信息。我认为撒谎或者捏造信息是不妥的，这样甚至会让孩子觉得，你一无所知。（许多青少年会在某个阶段觉得父母什么都不懂！）在这本书中，我详细地解答了部分问题，但这并不代表孩子想知道的所有问题我都涉及了。查询索引和附录可以找到这些信息来源。你可以查看附录中的网站，以便解答他们的众多问题。哥伦比亚大学的"咨询爱丽丝"（Go Ask Alice）网站上提供了数百个问题及答案，你还可以在此处留下你的问题，以便他们进行探讨。当然，图书管理员或学校护士等传统信息渠道或许也能帮忙解答这些问题。

要倾听孩子的意见。我的公告板上有张贺卡，上面写着"人们需要良好的倾听者"，这句话对青少年来说尤其合适。青少年常常认为，父母不关心他们在想什么，可能很多时候确实如此。有些父母认为，他们的责任是告诉孩子怎么做，而孩子的责任则是执行他们的指令。这种做法可能在孩子还小的时候就不是非常有效。如今孩子步入青春期了，毫无疑问，更是枉然。交流是互相的：倾听孩子的看法和表达我们自己的看法同等重要。这对你来说，可能并不容易。可以试着练习像这样去谈论问题："告诉我对于这件事情，你是怎么看的。""当你的朋友们谈到_____的时候，他们是怎么说的？""我想知道你是怎么想的。"

抚养的方式各种各样,但是有些方式对大多数青少年来说更加适用。青少年希望父母能够参与自己的生活,并制定规矩,但是父母要心胸宽广并关爱他们。美国医学研究所和国家研究委员会(National Research Council)的研究表明,青少年需要慈爱、温暖、明确而稳定的养育方式。专横的父母往往会培育出最叛逆的孩子,这样的父母会制定规矩,但却从来不倾听孩子的意见。毫无疑问,他们常常和孩子发生冲突。事实上,我几年以前读到的一个研究中提到,与宽容大度的家长相比,如果男孩子的妈妈是基督教基要主义者,则孩子们更容易参与性交。如果女孩子的妈妈对早期性行为的态度很开放,那么她们就会较少参与性交。可以想象,在基督教基要主义者家庭成长的男孩子更容易叛逆;在自由主义家庭成长的女孩子,不需要挖空心思来证明自己。

另一方面,青少年希望自己的父母不仅是自己的朋友。但对孩子过度放纵,也会导致他们鲁莽冒险。这样的父母可能会倾听孩子的意见,但是他们害怕给孩子的行为制定规矩。孩子可能觉得自己的父母很"棒",但是孩子却更有可能尝试酗酒、吸毒和性行为。部分心理学家将这种抚养方式称为"放纵式抚养",并提醒父母避免这种"幸福的陷阱"。父母希望孩子不会对他们生气,这样的父母可能慈爱而温暖,但是他们却没有帮助孩子制定规矩。我无数次对艾丽莎说:"如果你现在是因为我的限制,所以不喜欢我,那我可以接受。我现在的职责是保证你安全地成长,等你长大成人以后,我们会成为朋友的。"

拒绝或忽视型父母或者缺席的父母是最糟糕的。这些父母既不给孩子制定规矩,也不和孩子交流。福尔曼大学的育儿教育专家多丽丝·布莱泽（Doris Blazer）将其称为"拼凑起来而又漏洞百出的规矩和爱"。

对青少年最好的抚养方式，是能汲取所有这些抚养方式的优点。心理学家称这些父母为"权威型父母"，我更愿意称他们为"果断型父母"，类似于《考斯比一家》（The Cosby Show）中比尔·考斯比的培育方式。果断型父母会给孩子制定规矩，也愿意倾听孩子的意见，愿意和孩子协商。他们会向孩子解释制定的规则，也会根据孩子的不同发展阶段调整自己的原则。他们会教育孩子对自己的行为负责，告知其行为可能产生的后果，但对孩子从来不缺乏关爱。他们和蔼可亲，密切关注自己的孩子，与孩子平等相处。果断型父母培养的孩子在学校表现更优秀，更受同伴的欢迎，自尊心更强，更出类拔萃，也极少参与冒险行为。

要让孩子知道，你允许他们犯错，无论他们犯了什么错误，你都依然爱他们。太多青少年认为，他们在父母心目中必须是完美的。如今，许多青少年表示，他们最担忧的问题就是压力。在学校好好表现，参加各种活动，考好大学，都让他们备受压力，担心自己会让父母失望。

回想你们自己的青春时代。你有做过让父母震惊的冒险的事情吗？我认识的每个成年人几乎都记得，孩子现在做的让我们感到失望的事情，我们在青少年时代也做过。现在，对某些读者来说，这可能唤醒了你们在青春时代的性经历、喝酒或者吸毒的回忆。在高中的时候，我是众所周知的"好女孩"，但是我也会做些极其疯狂的事情。我记得我曾经和某个男生开着未装消音器的车在州际公路上飙车。我现在仍然不能喝德国酒，因为在我17岁时，我和某个大学生约会的时候

如果你想让他们首先向你求助,

那么,唯一的方法就是提前让他们知道,

无论发生了什么,你始终都会陪在他们身边。

可能你需要跟他们说很多次。

喝得太多了。

我几乎可以保证，尽管你不希望孩子冒险，他们还是会这样做，而且也会犯错。必须让他们知道，你了解这个事实，同样重要的是，你应该告诉他们，无论遇到什么问题或者顾虑，他们都可以告诉你。我的好朋友兼同事芭芭拉·列维-伯林尔（Barbara Levi-Berliner）甚至建议，和你的青少年孩子面对面坐下来告诉他（她），无论他（她）做了什么疯狂的事情，你都依然爱他（她）。她和丈夫曾经和她15岁的儿子进行了谈话，他们直言不讳地告诉孩子，他可能会遇到的麻烦，以及他们知道他可能会在某些场合尝试喝酒或吸毒。他们还告诉孩子，他们预料到他会犯错误，所以始终都会等他回家来向他们倾诉。青少年可能会酗酒；他们可能会发现自己陷在某段想要摆脱的性关系或恋爱关系之中；他们可能会发现自己怀孕或染上性病。如果你想让他们首先向你求助，那么，唯一的方法就是提前让他们知道，无论发生了什么，你始终都会陪在他们身边。可能你需要这样跟他们说很多次。

如果我们没有进行这种交流，当孩子们遇到麻烦的时候，就可能因为太害怕而不敢告诉我们。他们害怕被拒绝，害怕面对后果，但可能最重要的是，他们害怕失去你对他们的爱和尊重。我记得我16岁的时候，刚拿到驾照6个月，我停车的时候倒出了停车位，撞到了后面的车。我落荒而逃，没有告诉任何人。当我父亲问我保险杠怎么回事的时候，我当时好像是这么回答的："肯定是有人在停车场撞了我的车。"我想，如果我当时知道犯错误并不要紧，或者甚至预料到开车的头6个月可能会出车祸，那么，我应该会回家将这件事告诉我的父母。（爸爸，很抱歉……我想他可能是第一次听说这件事情！）

害怕让父母失望会导致不堪设想的后果。许多年轻女孩怀孕几个月了，但对妊娠反应置之不理，因为她们太害怕了，她们不知道告诉父母后，会有什么样的后果。许多男孩会忽略性病的症状，因为他们害怕父母生气，或者失去父母对自己的尊重。你们可能记得这样的新闻故事，青春期女孩怀孕到足月，瞒过了周围的所有成人，生下孩子以后又杀死了他们。超过1/3的青少年自杀者是同性恋，他们万念俱灰，因为他们没有地方倾诉，又害怕告诉父母自己的性取向，或者是家人拒绝接受他们。

你当然不希望这些事情发生在自己的孩子身上，那就应该让孩子知道，无论发生什么，你都会爱他们，当他们需要你的时候，你始终都在。

也要与孩子们分享，作为父母也会犯错。金无足赤，人无完人。我有时候会丧失耐心，大发脾气。所以我决定，在冷静和反省过以后，我都需要回去告诉我的女儿，我错在哪里。不要瞻前顾后，要爽快地告诉孩子："对不起，我错了。"

要向你的孩子表达爱意。当孩子向你表达爱意的时候，要回应他们。许多男孩和女孩步入青春期后，父母就不再用肢体向他们表达各种情感，父母好像觉得，孩子正处于性发育阶段，不能再拥抱和亲吻他们，如果继续拥抱和亲吻孩子，可能会让他们对性产生误解。许多成年女性告诉我，当她们的父亲不再拥抱和亲吻她们的时候，她们会感到非常失落，而且父女之间几乎从未讨论过这件事。她们当时很好奇：到底是因为做了什么事情，才导致父亲不再拥抱和亲吻她们了呢？

青少年需要肢体接触来表达的感情。当他们还是小宝宝的时候，你会拥抱他们说早安，亲吻他们道晚安，那现在请继续保留这种习惯吧。我记得某位另类的健康专家曾说过，人类每天至少需要5次拥抱。我们的健康成长离不开肢体情感，青少年如果缺失这种肢体情感，就会在约会时通过性行为来寻求补偿。

有些父母很明确地告诉孩子，不要再拥抱和亲吻他们。成年男士常常告诉我，从他们还是小男孩时开始，就不会再亲吻或者拥抱父亲了。不少男士告诉我，直到父亲临终的时候，他们才重新开始拥抱他。请回应孩子的情感需求，拥抱他们；如果有需要，让他们钻进你的被窝，依偎在你的怀里；请继续亲吻他们并道晚安或早安。

当然，你也需要关注孩子的心理反应。许多青少年非常抵触父母在公共场合亲吻他们。事实上，艾丽莎在中学快要毕业的那年，做了个客观的科学实验。她和一个朋友去观察小学生的父母在早上送孩子上学的时候是否会和孩子吻别，然后，她们也在初中也做了同样的观察，并将观察到的情况进行了比较。结果在意料之中：超过半数的小学生会和父母吻别，而在初中生中，只有部分女孩子会和父母吻别，没有男孩子和父母吻别。

如果你的孩子告诉你，他们不能再接受肢体接触，那么，你也要尊重他们的感受。但是可以试着说，你渴望拥抱，并询问你什么时候可以拥抱他们。你可能会发现，当他们感觉到悲伤或压力重重的时候，他们依然渴望你的拥抱。

值得注意的是，有些父母（尤其是男士）告诉我，当看到正处于性发育期的孩子时，确实会感受到某种程度的性刺激。受这种感受支配肯定是不对的，但要记住，意识并不等同于行为，你可能无法控制自己的思想，但是你可以控制自己的行为。如果这些想法转瞬即逝，你要接纳这些思想，并告诉自己，这些都已经过去了。如果这些思想持续干扰你，你觉得自己的行为可能受这些想法影响，或者如果你确实感受到性刺激，请咨询一下心理健康专家。如果你自己在青少年时受到过性虐待，那么，寻求这种帮助就显得尤为重要。请查看这本书的附录，提供的信息可能对你所有帮助。

真相是远远不够的。许多父母错误地认为，他们需要做的就是告诉孩子性是怎么回事。有些父母甚至认为，只要将关于成长和性教育的书交到孩子手中就完成了性教育任务。有些青少年甚至告诉我，某天他们回到家中，会莫名其妙地发现自己的床上或者餐桌上有本关于性的书，但父母却对此完全闭口不谈。这传递出来的信息就是：我们希望你了解自己的身体和性知识，但是我们不想和你谈论这些事。

在孩子青春期的时候，你可以大胆设想他们对于性已所知颇多，即便他们并不了解大部分关于性的真相。同时，他们对性也有一些相当奇怪的误解。例如，有些孩子告诉我，如果站着性交，女人就不会怀孕；可乐可以杀精；女性如果在来例假的时候性交，最有可能怀孕。许多孩子并不太了解细节。有个13岁的女孩大胆地告诉我，她的许多朋友都会"用手"。我问这是什么意思，她懵懵懂懂地说："你知道……就是用手摸下面。"当我问她，是不是指通过抚摸阴蒂的方式来达到性高潮。她问道："什么是阴蒂？"

重要的是，要帮助孩子纠正他们对性的错误看法，确保他们了解某些真相。但更关键的是，你要告诉孩子你的性价值观，并给孩子讨论他们对性的态度和感受的机会。

在接下来的各章里，我会更详细地谈到这个问题，但是在这里先举个简短的例子。假设你的儿子在读十一年级，他告诉你他恋爱了，有了固定的女朋友。你想告诉他为什么希望他暂时不要尝试性行为，如果避免不了性行为时，为什么必须使用避孕套。然而，尽管你可能想让孩子知道这些知识，怀孕、艾滋病和使用避孕套并不是最重要的讨论话题。相对而言更重要的是：告诉孩子你对婚前性行为的看法；帮助孩子认识他对这位年轻女性及自己的感受；怎么判断自己是否真的恋爱了；如何商量性行为的界限等。同时，要告诉孩子，无论他最后怎么决定，你都会帮助他，如果他遇到了问题或麻烦，你希望他会向你寻求帮助。

不要害怕向孩子传递矛盾的信息。经常有人问我，"既告诉孩子要避免性交，又告诉他要避孕和使用避孕套，这难道不互相矛盾吗？"我会说："确实是矛盾的，然而对于孩子的健康和未来，我们始终在传达复杂的信息。"例如，我们的社会似乎接受这样的事实：我们告诉青少年不要喝酒，但是如果他们真的喝了酒，我们又希望孩子打电话叫我们去接他们回家，以免酒后驾驶。事实上，反对破坏性决策学生组织（Students Against Destructive Decisions，简写为 SADD）提倡父母与孩子达成的协议就是这么说的。SADD 马萨诸塞州分会让青少年签署了以下声明："我承诺：我将尽量远离酒精和毒品。如果我沾了酒精或毒品，我同意绝不开车，也绝不乘坐不合格驾驶员的车辆，同时坐车会系好安全带。最后，如果我的安全受到威胁，我同意打电话向父母求助。"父母或其他成年亲友声明："如果有些事情威胁到了你的安全，我愿意帮助你，安全且清醒地接你回家。并且不急于讨论事情的经过，直到我们能够采取平静亲切的方式讨论问题为止。"这本协议小册子写道，"这个协议并不是允许孩子酗酒或吸毒，只是当孩子处于危险之中时，我们不应该对他们置之不理，任他们失去生命。"换句话说，我并不希望你酗酒或者吸毒，但是如果你这样做了，请给我打电话，我会帮助你安全地回家。我从未见过 SADD 的组织者在电视或报纸上为这个"双重信息"辩论过。

但是，作为美国性知识教育理事会的主席，我总是被追问这个问题。无数反对性教育的人士诘问我："告诉孩子不要有性交行为，然后又告诉他们如何避孕，这本身就互相矛盾。你不能既告诉他们不要这样做，又告诉他们怎么做是安全的。"

我相信，我们的孩子能理解，大人为什么反对他们有性行为（当然，也不是所有的孩子都理解，但大多数孩子都会理解），如果他们发生了性行为，我们也希望他们能保护自己和他们的伴侣，无论我们是否同意他们的性行为。我们需要明确告诉他们，我们希望他们不要发生性行为。事实上，关于国际青少年健康研究的调查表明，如果父母明确告诉孩子不要发生性行为，那么这样的青少年实际上也会更少发生性行为。而我们需要保证的是，无论他们有了哪种性行为（阴茎—阴道性交、口交或者肛交），我们都要避免他们怀孕或染上性病。就像我之前说的，我们也希望如果他们怀疑自己怀孕或者染上性病，能够主动告诉我们。

研究表明，大多数父母都觉得，应该告诉孩子关于避孕措施和避孕套的知识，尽管有 1/4 的成年人认为，告诉青少年婚前性行为是错误的就够了。将近 2/3 的父母认同，对性的探索在青少年的成长中是必不可少的，因此，最好的方法是给孩子提供相关信息和知识，这样即使他们发生了性行为，也能对自己的行为负责。接下来的节欲章节将会帮助在这个问题上存在分歧的家长。

请记住，少男和少女都应该接受性教育。重要的是你的儿子和女儿都需要教育。如果是双亲家庭，那么关于性教育的问题，应该是父母双方的责任。

在许多家庭里,我们只会告诉女孩子了解青春期身体的变化,会帮助她们准备面对月经初潮。但是父母常常忘记告诉青春期的男孩,他们睡觉的时候很可能会遗精,手淫的时候可能会射精。父母会向女儿讲解节欲的重要性,却对儿子闭口不提。我们的儿子拿到了避孕套,我们的女儿只被教导要学会拒绝等。在每个章节中,我都会谈到青春期每个阶段所面临的性别问题,并促使你思考你想要传达给孩子的价值观。

某些家庭认为,对孩子进行性教育是妈妈的职责,或者认为对女儿进行性教育是妈妈的职责,而对儿子进行性教育是爸爸的职责。我们大多数都觉得,作为成年人,男士和女士能够开诚布公地共同谈论性话题非常重要。如果在孩子的成长过程中,父亲和母亲能够以身作则,进行这种沟通,那么,事情就会容易得多。来自男人的观点和女人的观点,我们的少女都需要了解。只有妈妈可以给女儿分享,痛经是什么感受,但是只有爸爸可以分享男孩约女孩外出时的想法。儿子也同样需要听取男性和女性的不同观点。对于同性恋家庭和单亲家庭的孩子,需要在成长中寻找其他的异性成人来扮演这个特殊角色。

在家庭中,父母需要交流他们想要传达给孩子的性价值观。无论父母是共同生活并抚养孩子,还是已经离婚或分居但共同承担育儿的义务,父母都应该这样做。不要以为你们对这些复杂的问题(常常是情感问题)有同样的感受。某个家长可能觉得手淫没关系,但另一位家长可能觉得不妥;某个家长可能赞成堕胎,但另外那个家长可能反对堕胎;某个家长可能觉得,当自己不在家的时候,孩子可以在家里招待自己的男朋友或女朋友,另外那个家长可能觉得不合适。诸如此类的情况。我会提供一些练习题，你们可以在家里共同完成，以便弄清楚对于这些问题你们想要传达出什么样的信息。

父母双方有时并不需要在价值观上达成共识，但是针对孩子的行为，你们必须给出一致的信息。这是什么意思呢？举个例子，可能你赞成堕胎，但另外那个家长反对堕胎。你的青少年孩子可以明白，对于堕胎，不同的人有不同的观点，而且你需要让孩子更清楚的是，尽管在观点上存在很大分歧，但仍然可以和这个人相爱并共同生活。然而，如果你俩对于宵禁的意义存在分歧，或者对于孩子是否可以喝酒或参加无人监督的派对存在分歧，这就是在怂恿孩子违抗你俩中的某个人。针对青少年的行为问题，父母务必达成共识以后，再和孩子分享你们观点。

家长也必须仔细考虑，针对性行为，你是否希望向十几岁的儿子和女儿传达相同的价值观。我自己认为，应该向男孩和女孩传达相同的价值观。但是现实并不是这样。我不记得有多少次听到某个父亲说："女孩子比男孩子更让我操心。"针对父母与青少年交流的研究表明，当妈妈跟自己的儿子谈论性问题之后，他们更有可能会避免性交。当父亲跟自己的儿子谈论过性问题之后，他们更可能开始尝试性交。我猜想，这两种对话很可能是截然不同的。当然，我在这里并不是想打击爸爸们，我只是希望你们要认真思考你们所传递的信息。

要确保孩子在性问题上，可以向其他成年人咨询和求助。在性问题上，无论你对孩子有多开明，他们也会觉得有些话不适合跟你讲，特别是涉及他们自己的行为和问题时。对于17岁的女孩来说，她不可能回家以后告诉妈妈："我正在考虑发生性行为，你能帮我想想该怎么办吗？"研究所的调查表明，适应能力强的青少年，在其生活中，通常至少有3名其他成人可以为他们提供帮助。停下来想想：当你的孩子不想跟你谈论性方面的问题时，他们可以向其他人求助吗？比如教练、牧师、阿姨、爷爷奶奶或者朋友的妈妈。你怎样才能帮助他们这样做呢？如果你对关于性的问题很开明，你要怎样让孩子的朋友知道，他们有问题的时候可以找你呢？我的同事很多都是性教育方面的专家，在养育孩子的过程中，他们发现自己在孩子的朋友中间扮演了这个角色。但是，你不必很专业，只需要做个亲切而开明的成年人就好了。

不要和孩子把话谈僵。事实上，我们很容易说些阻碍双方交流的话。你需要避免：

◎ 拿自己的孩子和其他孩子比较
◎ 教训他们
◎ 轻视他们的问题
◎ 只顾自己说话，不倾听他们的意见
◎ 对他们提很多"应该"：你应该做　　你应该感受到

在费城的青少年焦点小组中，有些青少年说他们试图与父母交谈，但结果是：

"我跟我妈妈谈过，她总是否定我。我现在不说话，就只听她叨唠。"

"我无法跟我妈妈说这些，因为她不想谈论这些。我以前提起过，但是她没有理会我。"

"你们应该听听孩子想说什么，而不是教训他们，并告诉他们该怎么做。"

"孩子希望能够问任何问题，并获得答案和真相，而不必拐弯抹角。"

拉瑞·雷因斯坦博士（Dr. Larry Neinstein）在为青少年健康而写书中，建议专家们和父母们不要这样说：

◎ 你的问题在于
◎ 你怎么能这样对我？
◎ 在我那个年代
◎ 你错了
◎ 你怎么能那样认为呢？
◎ 说那样的话很愚蠢。
◎ 不要烦我。
◎ 我太忙了。

行动比语言更有分量。口头上说孩子有关于性的问题可以找你，并不等于证明当他们遇到这些问题时真的能够找你。你可以大谈性别平等，但是如果夫妻之间存在严格的性别分工，那孩子就不会认为性别之间是平等的。今天告诉孩子只有固定的伴侣关系之间才可以发生性行为，明天却又让孩子早上在厨房碰到你临时的情人。告诉孩子们要健康饮食，但你自己又总是节食。孩子和我们共同生活，在抚养孩子期间，我们的行为往往比言语更重要。孩子的行为会受到父母行为的影响。他们也会观察，父母是否言行相符。所以请想一想自己的行为教给了孩子什么。

要了解孩子在学校、教堂、犹太教堂或者青年社团所接受的性教育。许多父母告诉我，他们没有必要对孩子进行性教育，因为孩子们在教堂、学校或者童子军里会接受性教育或者上健康课程。这些课程只能作为你所提供的家庭教育的补充。然而，首先你必须了解孩子们正在学习的知识。在接下来的章节中，我会更多地谈论相关内容，但是对于好的性教育课程来说，父母才是这些问题的主要教育者。这也使得你有机会与老师会面，阅读资料，并查看课程，给你和你的孩子布置家庭作业，以便讨论这类问题。

要努力跟上现代青年的文化。包括服装、杂志、音乐、电视和电影。我记得，在20世纪70年代早期，我正值青春期，成年人对于我们的一些问题都感到非常震惊：男孩留长发、女孩双腿不脱毛、大门乐队、埃里克·克莱普顿，滚石乐队，以及尝试毒品和性行为。在我看来，似乎不穿胸罩的女人和留齐肩发的男人更能够接受紫色的头发和眉钉。我同辈的某些朋友曾对我说，第一次听到吹牛老爹和九寸钉的音乐时，他们感到很震惊，并认为"这不是音乐……我们听过真正的音乐！"你了解多少青少年文化呢？快速想想看，电台司令、傻朋克和快步乐队都是谁？你看过《绯闻女孩》《山丘》或者《爱之味》这些电视剧吗？你看过电影《男孩不坏》或者《非常男女》吗？（如果你此刻正在读这本书，几年以后，这些内容可能都过时了。）如果对青少年的文化有所了解，你就能够更好地与青少年孩子沟通。我强烈建议，至少要看一集自家孩子最喜欢的电视节目，要主动带着他们去看讲述青春生活的R级电影，没有你的陪同，他们无法进入影院。对电影中遇到的各种问题，至少花半个小时交换意见。让他们知道，你关心他们的兴趣爱好。你要提醒自己的是，如果你的父母能够忍受不穿胸罩的嬉皮士形象，你当然也能忍受年轻人在身上穿孔打洞。顺便说一句，了解青少年文化和接受青少年文化是两回事。去年，当迷你裙再次出现时，我听到有人说，"如果你之前穿过迷你裙，那你现在年龄肯定已经很大了，而且不适合再穿迷你裙了。"青少年孩子希望你了解并尊重他们的文化，但并不希望你的穿着或者行为看起来还像16岁。

永远别嫌太迟。我知道，有些读者现在已经很焦虑了。如果你的孩子已经13岁或16岁，甚至19岁，你还从未跟他谈论过这些问题，那也没有关系，虽然不太理想，但是也没关系。任何时候跟孩子谈论性问题都不会太迟，从今天开始仍然大有用处。

必要时寻求帮助。如今，养育青少年有时会让人倍感压力。要确保你可以找人倾诉：亲戚、朋友、其他孩子的父母和家长支持小组。牧师、学校辅导员、心理医生和精神健康专家也可以帮助你。本书的附录包括一些相关机构、网站和热线电话，能够提供更多信息和帮助资源。如果青少年的情况开始失控，为孩子寻求个人咨询或为家人寻求家庭咨询都是非常有帮助的。对酗酒、吸毒、乱性或者濒临离家出走的青少年来说，这本书或者任何相关的教育书籍都用处不大。如果你找不到头绪，可以打电话给学校，咨询学校的心理医生或社会工作者，他们能为你提供线索。

不要忘记谈论性的乐趣。在如今的世界里，充斥着HIV和艾滋病、性病、约会强奸、性骚扰以及同性恋恐惧症等，所以，我们很容易将焦点放在性的负面影响上。要记得强调，性是生活中非常美好的一部分。同时，也必须要告诉孩子，他们的身体很正常，性快感是正常的，学习、欣赏和表达我们的性是成年的真正乐趣。

和你的青少年孩子进行这种坦诚的交流是完全可以做到的。以下是宾夕法尼亚州焦点小组中部分青少年所说的话：

"我的妈妈很伟大，我们可以无所不谈　所以我常常按她认为最好的方式去做事，因为我相信她，我不想让她失望。"

"我跟我父亲说很多事情，因为我们的关系很坦诚。我可以跟他讲任何东西。"

"我的妈妈很酷。她会和我交流，而不是责骂我。"

你也可以和你的青少年孩子培养这种关系，以便交流这些问题。我们开始努力吧！

Tips
父母小贴士

◎ 要记住,你的青少年孩子想和你谈论你的价值观。

◎ 在性方面不要讲大道理。

◎ 你不需要感到很自在,也不需要知道所有问题的答案。

◎ 倾听青少年孩子的意见。

◎ 真相是远远不够的。

◎ 不要害怕传递矛盾的信息。

◎ 让孩子知道,你允许他们犯错误,无论他们犯了什么错,你都依然爱他们。

◎ 要向青少年孩子表达关爱之情。

◎ 记住,女孩和男孩都要接受性教育。

◎ 确保青少年在性方面可以向其他成年人咨询和求助。

◎ 不要和孩子把话谈僵。

◎ 行动比语言更有分量。

◎ 要了解孩子在学校、教堂、犹太教堂或者青年社团里所接受的性教育。

◎ 要努力跟上现代青少年的文化。

◎ 永远别嫌太迟。

◎ 必要时寻求帮助。

◎ 谈论性的乐趣。

关于青春期的介绍

第二章

Adolescence: An Introduction

回想孩子一两岁时的情景。如果你和我一样，你可能也会如饥似渴地读书，想知道孩子在几个月以内会如何发育。格雷戈里什么时候会开始爬？艾丽莎2岁的时候还使用奶瓶是正常的吗？现在该喂辅食了吗？我12个月大的女儿还不能走路，我应该担心吗？对于婴幼儿的父母来说，《新生儿父母手册》和《幼儿父母手册》等甚至成了畅销书。每次去看儿科时，医生都会向你提供指导意见，儿科医生喜欢将其称为"先期指导"。他们会告诉你，你的孩子如何进入重要的发展阶段，例如说话、走路、学习精细运动技能、自己吃东西以及能够听懂指示。这些信息旨在帮助你预测孩子接下来的成长情况。

　　那么，如果我告诉你青少年时期的"发展里程碑"同样容易预料呢？事实也的确如此，在这个章节，我会尽力帮助你了解，孩子从12岁到21岁期间会经历哪些成长。1948年，心理学家罗伯特·哈维赫斯特（Robert Havighurst）定义了青春期的"发展任务"。根据他的说法，在任何社会中，人们在不同的生活阶段都会扮演不同的角色。1948年，哈维赫斯特将这种履行角色任务的成长过程定义为"发展任务"。

心理学家和健康专家将青少年分为三个不同的阶段：青春期早期，青春期中期和青春期后期。了解这些阶段有助于你评估青少年发展到了哪个阶段，并帮助你理解青少年的行为以及他们的性发育。

在我开始描述这些阶段之前，你理应知道，这并不能定义青少年是不正常或者正常的。个别青少年的发展速度很快，简单的年龄不能准确判断出孩子所处的具体发展阶段。在任何一个13岁青少年的团体中，都会有一些人看起来仍然像孩子，而有些人可能表现得很成熟。即使是同一个青少年，在某些方面也可能表现得更成熟，而在其他方面则不然。例如14岁的女孩可能在生理上已经完全发育成熟，但是可能很容易情绪化，好像比实际年龄小几岁。或者，15岁的男孩可能具有成熟的思维技能，但可能才刚开始进入青春期。或者相反，15岁的男孩可能生理发育成熟看起来像个成年人，在与父母或老师打交道时，又可能表现得情绪化，像个12岁的男孩，但他可能正开始与女孩和男孩尝试性行为。对于大多数青少年来说发展会在几个层面上展开，所以，如果你看到自己的孩子同时处于我描述的几个不同发育水平，请不要感到惊讶。

许多成年人认为，青春期必然是动荡不安的。这个概念实际上可以追溯到1904年，当时有位心理学名叫G. 斯坦利·霍尔（G. Stanley Hall），出版了《青春期》（*Adolescence*）这本书。他称青春期为"狂飙突进运动"期或狂飙期。他认为青春期是动荡不安的过渡阶段，在这个阶段，青少年的情感体验会在两个极端之间摇摆不定。

我们现在的看法有所不同。美国医学研究所的研究表明"大多数年轻人的青春岁月，并没有经历过重大创伤或陷入重大麻烦。"国家研究委员会的青春期论坛称青春期为"巨大机遇和风险的并存期"。超过80%的青少年能很好地应对青春期的挑战,大约1/3的青年人认为,自己的青春期过得很顺利。

青少年的生理发育,包括性成熟,是其发育过程中最为明显的方面。在青春期期间,孩子在生理、生殖和性亲密能力上都已发育成熟,已经成长为生物学意义上的成年人。这种生理发育在青春期早期最为明显,被称为发育期,在青春期早期章节里,我会更详细地谈论。许多读者的孩子已经过了发育期,那么,你们可以快速浏览一下这部分内容,了解一下青春期早期的一些情绪问题。

让我来解释一下相关的词语。"发育期""青少年""青春期"这些术语并不能互相替换。发育期是指生理发育的某个阶段,在这个阶段人类会发展出完善的性生殖能力。青少年是按实际年龄来定义的,指13—19岁之间的年轻人。你可能会惊讶地发现,美国在20世纪30年代发明了"青少年"这个词,却遭到青少年的广泛厌恶,因为他们认为这个词含有贬义。

从历史上看,"青春期"是个相对较新的概念。青春期这个词源于拉丁语的动词"adolescere",是"成长"的意思。在20世纪以前,以及如今的许多发展中国家,孩子在发育期或发育期之后不久就会结婚或进行性结合,并几乎马上就开始承担成年家庭和工作的责任。显然,发育期只发生在人类身上,但是把发育期作为一个童年和成年之间的独立发展阶段,却是在1900—1920年间才被提出的。在这些年间,新的劳动法通过了,严格限制雇佣童工。后来,到1920年,中学教育开始得到了重视。下面这些信息可能会让你惊讶万分,1900年,高中毕业的年轻人只有6.4%;到1956年,高中毕业率达到了62.3%;如今高中毕业率将近 90%，尽管在某些地区，多达 1/3 的高中新生并没有毕业。在 20 世纪 20 年代，美国的年轻女性和她们穿着浣熊外套的男朋友，是这个国家第一批真正的青少年。

在美国和其他西方社会，青春期介于发育期和完全承担成年责任的成人之间。而且人们越来越普遍地认为，青春期会延续到 25—29 岁。我最近看过一张生日卡片，它体现出美国人对于承担成人责任的矛盾心理。内容大致是：

13—19 岁　　青春期
20—29 岁　　青春期
30—45 岁　　青春期
45 岁以上　　后青春期！

青春期发展的五个任务

心理学家认为，所有的青少年除了在生理上发育为成人之外，还必须完成五项重要的发展任务。为了帮助自己在研究生院记住这些任务，我把它们命名为青春期发展的五个"I"：智力（Intellect）、独立（Independence）、身份（Identity）、正直（Integrity）、亲密（Intimacy）。我来解释下这五个任务。

智力

青少年在青春期会发展智力。儿童和年幼的青少年都是具象思维，他们关注真实的对象、当下的行为和即时的利益。例如，我的儿子格雷戈里 6 岁的时候，很难在星期一的时候思考接下来的周末想做什么。当我问他，夏天想参加哪种夏令营时，他无法想象那是什么时候的事情。近期的大脑研究表明，额叶皮层会发育至青少年后期和 20 岁出头。

具象思维的人很难想象未来。稍稍回想下你自己幼年之时，从 9 月开学的第一天到寒假，你觉得期间经历了多久。而如今对你来说，从开学到新年的这几个月可能如白驹过隙。在青春期，年轻人的抽象思维能力得到更大发展，能够为未来制定计划，并能理解他们当前的行为对未来生活和其他人产生的影响。

抽象思考能力是青春期和成年期性健康的基础。年轻人，甚至是成年人，需要思考他们行为所产生的后果。对于性健康的人来说，最重要的行为就是能够理解性感受与性行为之间的差异。实际上，我们希望人们能够区分，提高生活质量的性行为和可能伤害自己以及别人的性行为。

这是许多成年人没有学习到的功课。想想金·贝克、马夫·阿尔伯特、皮·威·赫尔曼、弗兰克·吉夫德和比尔·克林顿吧。

青年人如果始终是具象思维者，他们将很难考虑到自己关于性的决定会带来的潜在后果。他们可能意识到自己有性感受，但他们可能没有能力去规划性关系。他们很难预测后果，很难清楚地表达自己的价值观，很难与伴侣商量性的界限，也很难在性交之前采取避孕措施或使用避孕套。事实上，研究非常清楚地表明，青少年没有规划性行为的能力：青少年开始发生性行为的年龄越小，在性交时采取避孕措施的可能性就越小。

更重要的是，就智力而言，具象思维者无法从别人的角度来看待问题,这种社会认知能力是伴侣双方在相处中互相关心对方感受的基础。由于缺乏这种社会认知能力,所以年龄较小的青少年之间容易闹翻,因为他们不会考虑其他同龄人的感受。体谅能力在青春期会不断发展。

我在接下来的章节里会讲到,青少年没有预测未来后果的能力,因此,身为父母,你必须帮助初中或高中低年级的孩子不要鲁莽行事,避免在毫无防备的情况,过快地将性感受转变成性行为。面对这些具象思维者,在青春期早期和他／她进行角色扮演能帮助他们思考复杂的情境。你可以问他:"如果有人给你啤酒,你会说什么?""如果你在逛商场时,看到你的朋友在偷东西,你会怎么做?""如果你的女朋友开始催促你,不要仅限于接吻,你会说什么?"要提前谈论这些情况,如果这些事情真的发生了,你的孩子就能够更好地应对。

青春期发展的五个任务:五个"I"

◎ 智力　Intellect

◎ 独立　Independence

◎ 身份　Identity

◎ 正直　Integrity

◎ 亲密　Intimacy

独立

到了青春期末尾,你的孩子需要变得独立。想象一下十年之后的生活,你的青少年还会在家和你共同生活吗?你仍然会给他提供所有的经济支持，为他做饭，帮他洗衣服，开车接送他吗？对我们大多数人来说，答案都是不会。我们希望孩子能够成为独立的成年人，拥有自己的生活。然而越来越多的年轻人在20岁出头时依然住在父母家里，在经济上也要依赖父母。我最近读过的研究表明，在18—24岁的年轻人中，超过一半的人仍然在和父母同住。在25—34岁的年轻人中，有1/10的人仍然在和父母同住。

青春期的最终的目标是成人：从情感、心理和经济上独立于父母。这意味着，甚至早在孩子十二三岁的时候，就需要开始和你拉开距离。这种日益独立的过程，是父母与青春期孩子之间出现诸多矛盾的原因之一。有时候，当我和艾丽莎在某些问题上出现分歧时，我就会提醒自己，"这样也很好，我希望她能够长大，成为独立的成年人。她必须这样做！"

在孩子的青春期时，父母和孩子的关系会发生转变。在孩子的生活中，你已不再是那个无所不知、无所不能的人了，可能你曾经是的！但是你要知道，只有1/6的青少年和父母之间的亲子关系会破裂。青少年确实需要开始离开父母，但是大多数青少年仍然希望从父母和家人那里获得指导和帮助。

日益独立的过程可能会给父母和青少年都带来困扰。也许某天，你的青少年在睡前希望你抱抱他，到了第二天，他们就会砰地把房门关上，喊道："你不会明白的！"某天，他们还向你寻求指导和帮助；第二天，他们却不想陪你看电影，因为他们担心别人看见自己和父母在一起。你的任务就是在他们需要你的时候，陪伴在他们身边，尽力帮助他们走向独立。我的朋友兼同事鲍勃·西尔弗斯通（Bob Selverstone）曾经写道："孩子离开父母并不要紧，你要帮助他们做好独立生活的准备。但你必须向他们保证,你不会离开他们。"

身份

青少年必须形成自己的身份。他们正为自己在社会上扮演的成人角色做准备。1968 年,心理学家艾瑞克·埃里克森(Erick Erikson)将这称为"身份危机"。他说,在青春期时,生理发育、情感成熟和社会责任交织起来,会诱发青少年思考"我是谁"的问题。身份的探索包括三个方面:"功能性身份""概念身份"和"性的自我概念"。

青少年必须探索他们的"功能性身份":他们需要思考在成年之后如何养活自己,怎样为他们的家庭和社会做出贡献。他们开始尝试各种可能的工作和职业。当艾丽莎 14 岁的时候,她告诉我们,她可能想成为《国家地理》的摄影师、考古学家或律师。目前,她的兴趣非常广泛,这些理想似乎都有可能实现。到了青春期后期,她可能会更好地了解自己的职业选择,或者至少我们希望她如此!

身份的探索也包括形成概念身份,这个过程更加复杂。青少年开始明白自己要如何适应宗教、文化、种族、道德和政治结构。例如他们可以断言"我是个基督徒,非裔美国人,或者来自工薪阶层的民主党支持者",并且能够更好地理解这些角色的含义。

在形成概念身份的同时,也会形成"性的自我概念"。性的自我概念是指一个人如何评价他(她)的性感受和性吸引力,也包括性别认同和性取向。

在青春期时,年轻人会培养更强烈的性别认同感。性别认同包括对男性和女性的深刻理解,以及对男性或女性的角色、价值观、职责和责任的理解。大多数年轻人在进入青春期之前就有强烈的男女意识,但是直到进入青春期以后，他们才能清楚地认识到成年男性和女性的角色。（有些年轻人在青春期时开始认识到自己为跨性别者，我将在第六章深入讨论这个话题。）

我十分确信，性别上的刻板印象对男女青年都造成了伤害。这些成见限制了他们在学校的课程选择，限制了他们未来的理想，限制了他们的自我性认识。我也相信，性别角色的成见会导致青少年面临意外怀孕和性传播疾病的风险。年轻的女性常常学到的是"可爱和受欢迎比聪明更重要"，"女孩通常没有多少性感受"，"为性爱做准备的女孩是坏女孩"。男孩可能学到的是"真正的男人总是需要性"，"男孩不应该表现得像个女孩子"。研究表明，认同传统男性气概的青春期男孩比其他年轻男性更少坚持使用避孕套，或者从来不用避孕套，他们可能会说，如果他们让性伴侣怀孕了，他们会觉得自己像个"真正的男人"。他们很少想到，男人有责任防止性伴侣怀孕。

在青春期期间，年轻人对自己的性取向有了更好的认识。虽然许多男女同性恋者说，他们在很小的时候就意识到自己在性取向上与众不同，到了青春期以后，年轻人更能意识到他们的性吸引力和情爱兴趣，以及类似于成人的情爱意识。针对7—12年级学生的研究结果表明，1%的青少年认为自己是双性恋或者明显的同性恋，88%的青少年认为自己是明显的异性恋者，11%的青少年不确定自己的性取向。但是随着青少年的年龄增长，他们性取向的不确定性会降低：在12岁的青少年中，超过25%的人"不确定"自己的性取向，相比较而言，在18岁的青少年中，只有5%的人"不确定"自己的性取向。针对21岁以下的男同性恋和男双性恋的研究结果表明，了解自身性取向的平均年龄是14.9岁，公开出柜的平均年龄是16.5岁。我会在第五章更详细地谈论这些问题。

正直

在青春期，青少年还需要培养自己的正直感。青少年正在测试和培养自己的价值观。他们需要确定自己的价值观，并决定哪些东西适合他们自己。为了受到欢迎和获得认可，他们需要了解来自同伴和媒体的巨大压力，学会根据自己的价值观自主做出决策，即使这会违背他们朋友的意愿。

青少年与父母和家人价值观的差异通常会在青春期显现出来。许多青少年在某段时间内似乎会抵触父母的价值观，然而到了成年的时候，几乎所有的青少年最终都会接受和父母非常类似的价值观。你是否记得20世纪80年代的电视情景喜剧《亲情纽带》(*Family Ties*)？年轻的亚历克斯由迈克尔·J.福克斯（Michael J. Fox）扮演，他是资本主义共和党人，父母属于婴儿潮，自由派，以前是嬉皮士。然而，如果这是真实的生活，那么当他大学毕业时，他很可能也接受了与他父母类似的更开明的价值观。如果你年少的孩子宣布她是佛教徒、社会主义者、素食主义者或死刑拥护者，与你家的价值观完全相反，此时不要惊慌，因为这很可能都会过去。

亲密

在青春期，孩子会发展亲密的能力，大多数青少年将初次经历成熟的恋爱。在青春期，我们大多数人会开始初恋，经历分手或心碎，并了解真正的友谊。不管某些成年人有何想法，这些爱情关系并不是"早恋"，父母需要严肃对待孩子的爱情。青春期早期的孩子可能会花很长时间去做白日梦，或者与男朋友或女朋友煲电话粥。青春期中期的孩子可能想花数小时腻在男朋友或女朋友身边，并且可能正在尝试用某些性行为来表达爱意。青春期后期的青少年可能正在规划与某个人的未来。爱情关系在青春期的每个阶段都是不同的，我会在随后的章节中谈论这些内容。

但就目前而言，我希望你可以花点时间回忆一下你的初恋。他（她）姓什么？你那时候几岁？你觉得他（她）怎么样？当他（她）打电话给你时，你有什么感觉？对你微笑的时候呢？牵你手的时候呢？你还记得自己迷恋过的那个没有回应你的人吗？当时有什么感受？回想当你和心爱的人分手时，你有什么感受？你还记得你的父母是怎样对待你年轻时的恋爱对象的吗？

对于这些感受，我们大多数人都记得非常深刻。而且对许多人来说，初恋时光在他们的人生中最令人心醉，毫无疑问，也是最难以忘怀的。

青春期的三个阶段

除了概述青少年的发展任务外，发展心理学家和健康专家们还将青春期分为三个不同的阶段，分别是青春期早期、青春期中期和青春期后期。在这个章节，我将简要地介绍这三个阶段，而在接下来的章节，我会按年龄进行区分，详细讲解这三个阶段。当你读到这些内容时，请再次记住，没有所谓的"普通青少年"，你的青少年可能只是处于不同发育任务的不同阶段。

青春期早期

青春期早期（early adolescence）通常指9—13岁的女孩以及11—15岁的男孩。这意味着大多数女孩可能在四到八年级经历青春期早期，而男孩的发育会稍晚几年，在六年级到十年级时才经历青春期早期。但是有些青少年直到高中低年级或高年级，才算进入生物学意义上的青春期早期。从最初的身体变化到完全发育为成人的身体，这个过程可能需要1—2年或4—5年，这都是正常的。平均而言，男生青春期开始和结束的时间比女生要晚1—2年。

发育期

发育期（puberty）是指生物学上从童年迈向成年的过渡期，是青春期早期的主要特征。除开婴儿期以外，青春期早期的身体变化比生命中其他任何时候都要迅速。男孩和女孩在青春期早期都会迅速成长，这段时期被称为快速生长期（growth spurt），这种成长会持续2—3年。快速生长期身高的增长约占成年人最终身高的1/4。平均来说，女孩的快速生长期比同龄男生要早两年，所以六年级和七年级的班级照中，女生的身高都高于男生。通常来说，女孩在12岁时成长最快，男孩在14岁时成长最快。大多数女孩在月经初潮之前的那年发育最快，而此后的持续发育则较为有限。体重伴随着身高的增长而增加：青春期体重的增量约占成年人理想体重的一半。

男孩和女孩到了青春期，都会发展"第二性征"（secondary sexual characteristics）。他们会长阴毛和腋毛，声音会变得深沉，在生殖器和腋下形成汗腺，产生体味。你可能需要提醒青春期早期的孩子，他们

你的儿子和女儿做好发育期的准备非常重要。

要记住,讲大道理是没有用的,

要在他们小学后期或者初中的时候,试着跟他们进行轻松的交流,

和他们分享你自己经历这些巨大变化时的感受。

需要每天洗澡，也是时候给他们介绍一下除臭剂了。

女孩的性发育开始得比男孩更早。女孩发育期的最初迹象就是胸部的发育，她们的乳房开始像小山丘那样隆起。1996年，针对17000多名女孩的研究发现，美国非裔女孩平均在9岁之前乳房就开始发育，白人女孩从10岁开始乳房发育。然而，平均意味着有半数的女孩乳房发育会提前，有半数的女孩乳房发育会推迟。如果你的女儿在七年级或八年级之前乳房没有发育，或者她在二年级或三年级乳房开始发育，这都是正常的，请不要担心。在发育期，乳房会发育到接近成人乳房的大小，子宫和卵巢比童年要大7倍，阴道、阴蒂和阴唇也会变大。

如今，与20世纪60年代的女孩相比，女孩的月经初潮提前了。女孩的月经初潮可能在乳房发育和出现腋毛以后两年左右发生，但并不总是这样。当你注意到自己女儿的乳房发育以后，要确保和她进行多次讨论，告诉她如何面对月经初潮。初次月经——被医生称为初潮（menarche，发音为 MEN-ar-key）——的平均年龄是12.5岁，但有些女孩直到16.5岁才经历月经初潮。换句话说，大约半数的女孩会在七年级结束之前来月经，许多女孩还在上小学的时候就会来月经。这也意味着，大约半数的女孩在月经初潮之前至少已就读八年级，而有些女孩经历月经初潮的时候已经是高中低年级学生了。这些都是正常的。

为你的儿子和女儿做好发育期的准备非常重要。要记住，讲大道理是没有用的，要在他们小学后期或者初中的时候，试着跟他们进行轻松的交流，和他们分享你自己经历这些巨大变化时的感受。男性通常开始性发育的平均年龄为11.5岁，正常范围是9岁至14岁。几乎所有男孩发育期的最初迹象都是睾丸增大，大多数父母可能都没有注意到这个现象！在发育期，男孩的睾丸、附睾和前列腺比童年增大了

7倍，阴茎通常增大1倍。为了将初次射精与月经初潮对应起来，初次射精也被性学家称为"第一次遗精"(semenarche)，初次射精通常发生在发育期中期。男孩们的首次射精通常都是梦遗。家长们要帮助女儿做好月经初潮的准备，同样也要帮助男孩做好遗精的准备。通常来说，男孩从发育期的最初迹象到身体发育成熟需要3年，但是有些男孩可能需要2年或者5年，这都是正常的。

要告诉女儿，当她不在家时经历到月经初潮应该怎么办。当女孩进入快速发育期，最好在她们的背包里备好卫生巾。务必要和儿子聊一聊他要经历的变化：阴茎和睾丸将会增大，而且随着他的成长，他可能会遗精。要告诉他，如果你看到床单被精液弄脏了，你会理解他，或者让他自己把床单丢进洗衣篮里。更好的是能让他开始自己动手洗衣服，为日后的生活培养良好的技能。

男孩子上初中之后，会非常在意阴茎的大小。几年前，我给八年级的学生上课，在教室里放的匿名箱中，每周都会收到关于阴茎大小的问题，尽管在几周前的正式课堂中，我们已经非常全面地讲到了这些内容。这个年龄的男孩需要知道，成人阴茎在疲软时平均长5—10厘米，勃起时长12—18厘米。他们需要知道，有些男性是"showers"，有些男性是"growers"：有些男人阴茎疲软时和勃起时并无明显变化；有些男性的阴茎疲软的时候很小，但在性兴奋时会明显增长。他们还需要知道，大多数时候，阴茎的大小和性生活的满意度并没有关系。

男生上了初中，就需要了解勃起。现在，我希望你读过我的处女作《从尿布到约会：家长指南之养育性健康的儿童》，并且从学前就已经开始教儿子了解勃起。如果是这样，你就只需要说："当你到了发育期，勃起的次数会更频繁"。但是如果长期以来你没有说过，你就需要跟他进行更详细的交流。

当男孩子到了发育期，可能会开始对性更感兴趣，而且更可能感受到性吸引力。他们的阴茎会更频繁地勃起，常常是不经意间，并且可能不合时宜。我曾经读过一本很保守的杂志，里面写到青少年应该杜绝所有可能激起他们生殖冲动的活动。但是我认为，这很荒谬！青春期男孩很容易勃起：某个性感的广告，某个暗示性的音乐短片、某个女孩弯腰捡叉子，或者当他在英语课堂上演讲时有人投来迷人的微笑。男生需要知道，这种反应非常正常，而且会自然而然地消失。不管一些男生听到了什么样的信息，但"蓝蛋"（blue balls）现象并不是疾病，勃起确实会自行消失。然而，可以和父亲或其他成年男性谈谈怎样才能不让其他人知道自己已经勃起，从而避免丢脸：把午餐的盘子和书移到更合适的地方，或者把书或纸放到腰部位置，这些都有帮助。

女孩到了这个年龄，常常担心自己乳房的大小。跟周围朋友们相比，乳房比较大的女生常常会缩着身子，想要隐藏自己的乳房；乳房较小的女生会担心她们的乳房会停止增长；其他的女孩会担心，她们的两个乳房大小不同。然而这些都是非常正常的差异。初中女孩需要知道，乳房的大小有明显的个体差异和基因遗传差异：她的乳房大小，可能和她的妈妈、小姨或外祖母的差不多。并没有多少方法可以丰胸。我在12岁的时候做过的锻炼——"我们必须、必须、必须增加胸围"——根本没效果。对于很瘦的女孩，不妨建议她增加体重。因为曾有个青春期指导医生告诉我朋友的女儿："你身上没有脂肪，乳房主要由脂肪构成。如果今年体重增加10斤，我相信你的乳房会变得更丰满一些。"

与此同时，部分男孩对胸部周围腺体组织的增长感到困扰，这种症状被称为"男性乳腺发育"（gynecomastia）。这些男孩有时会担心他们的乳房正在变大，甚至会变成女孩。将近 1/5 的男孩会经历乳房组织的发育。在大多数男孩中，这只是男性青春期发育的一种变化，通常在一年或一年半以内会自然而然地消失。如果你的儿子貌似对此深感不安，或者几年之后这种现象并没有消失，那就要去咨询内科医生了。

你可以寻求帮助，以便教导初中孩子了解发育期。你可以和儿科医生在孩子下次年度考试的时候谈谈，儿科医生会告诉你儿子或女儿的发育情况。许多儿科医生或青春期指导医生会使用谭纳量表（Tanner Scale）来评估男孩和女孩的性发育情况，你可以参阅下面的青少年身体发育对照表。还有许多优秀书籍和视频也会介绍男孩和女孩的身体变化，我在最后一章中列出了部分这类资料。童子军组织、教堂和犹太教堂团体以及社区机构也可能针对孩子的发育期开办课程。你可以在我的第一部著作《从尿布到约会：家长指南之养育性健康的儿童》中，获得更详细的相关内容，从而为子女的发育期做好准备。

有些青少年直到高中才开始进入发育期。发育较晚的孩子可能会受到嘲笑，感受到轻视，他们可能想知道他们是否正常。如果男孩在 15 岁之前没有阴毛，或者女孩在 14 岁时还没有阴毛，家长就应该带他们去咨询青春期指导医生。同样，如果女孩在乳房隆起 5 年后没有月经初潮，也需要接受咨询。医生将排除下丘脑、脑垂体和性腺功能障碍以及隐性的慢性疾病。然而，超过 60% 的青春期延迟案例都是由于遗传基因，而非病理性原因。请试着回想，你是否比同龄人发育迟缓，弄清楚你的父母是何时进入青春期的。尽管如此，如果孩子到了高中低年级或高年级还没有进入发育期,请为你的孩子预约一下医生。

青少年生理发育:谭纳阶段			
谭纳阶段	阴毛	乳房(女性)	阴茎/阴囊(男性)
1	无	和小孩的一样	和小孩的一样
2	稀疏	出现乳蕾	阴囊变成红色;阴茎和小孩的一样
3	颜色变深,开始卷曲	乳房和乳头增大	阴茎变长,阴囊增大,颜色变深
4	变得卷曲、粗,比成人少	乳房继续发育	阴茎增长、变粗
5	成人	成人	成人

青春期早期的情绪变化

对于刚步入青春期的青少年来说,适应身体的巨大变化并非易事。这时的青少年似乎非常关注自己的身体形象,而且会在镜子前花费很长时间。上学或参加礼拜前的穿衣打扮,对于青少年和车里等待的父母来说都完全是折磨。这个阶段的青少年会自我专注,几乎所有人都担心自己的外表,担心自己是否具有吸引力。他们也经常担心衣服和头发是否"合适",朋友是否会接受。

青少年想知道,"我正常吗?"他们关心自己的身高、体重、乳房或阴茎的大小,是否发育过快或者发育迟缓。他们经常拿自己和朋友做比较:苏西的乳房为什么更大?约翰好像很高?他们的情绪可能波动很大，他们想知道这是否正常。父母必须帮助刚步入青春期的青少年消除疑虑，告诉他们这很正常，他们的发育是由个人基因预先决定的。

这些生理变化也引起了巨大的情绪变化。荷尔蒙的变化常常导致青少年产生极端情绪化和无法言说的感受。许多父母反映，他们的青少年孩子情绪波动很大，行为摇摆不定。往往在发育期之前或之后不久，青春期孩子与父母的冲突达到巅峰，他们往往非常抵制父母的建议或批评。当他们试图独立之时，往往会试探父母的权威和底线。

到了青春期早期和中期，朋友变得格外重要，受欢迎程度成为最重要的事情。这种渴望效仿朋友的现象被心理学家称为"同龄人从众效应"，幸运的是，这种效应在青春期早期达到顶峰，然后随着青少年年龄增长而逐渐衰退。但不幸的是，在这期间，来自同龄人的压力会非常大，它影响到青少年生活的方方面面，从该穿哪款运动鞋，到青少年是否跟着父母去餐馆，以及你的孩子是否抽烟、喝酒或尝试性行为。我会在下个章节详细讨论这个问题。

青春期早期的男孩和女孩普遍都有好朋友。这个年龄段的青少年以同性朋友为主，在朋友圈子里会接触到一些异性。

刚步入青春期的青少年也会发展智力。他们开始发展抽象理解能力，这意味着他们将花大量时间探索自己的内心世界。这个时期的孩子常常会花大量时间做白日梦。许多父母曾经告诉我，自己青春期的孩子会经常独自待在房间，他们为此感到很担心。请不要担心，这是正常的，也是意料之中的，甚至对他们的成长非常重要。许多青少年开始写日志或者日记，以便记录他们强烈的感情，父母应该尊重他们的隐私。

青春期早期的青少年常常觉得自己备受关注，好像每个人都在关注他们。心理学家认为，刚步入青春期的青少年拥有"想象的观众"（imaginary audience）。对于早期的青少年来说，高度戏剧化是很正常的，他们相信在宇宙的历史中，只有他们自己在经历着这种感觉，他们的问题是独特的。理解孩子这种强烈的感受是十分必要的，不要认为他们是在小题大做。最好告诉他们"我知道你今天非常难过，为什么不去你的房间把这些感受写进日记里呢？"而不是跟他们说："不要在那里演戏，过来给我帮帮忙。"

青春期中期

如果让人们描述典型的青少年形象，他们的描述通常可能指的是青春期中期（middle adolescence）的青少年。女孩的青春期中期通常出现在 13—16 岁，男孩则通常出现在 14—17 岁。在这个阶段，青少年的外表和行为都更像"典型的青少年"。这个阶段的青少年，可能更依赖朋友而非父母，并吸收自己喜爱的社交团体的青少年文化。

当我第一次接受青少年健康培训时得知，青春期中期的青少年觉得自己刀枪不入，拥有不朽之身。的确，人们常常认为，青春期中期的青少年觉得自己无所不知、无所不能、无懈可击。许多青少年确实会冒险，因为他们认为"坏事都不会发生在自己身上"。他们觉得"我能够以每小时 140 公里的速度开车，因为我不会出车祸。"或者"我这么年轻，不会怀孕，所以不需要采取避孕措施。"

然而，过去 20 年的研究最后证实：总体来说，青少年并不会比成人更多地认为自己能够抵御风险。换句话说，有一些青少年和一些成年人比其他人更有可能承担更大的风险。

我们不妨来反思一下自己。通常情况下，我非常不喜欢冒险。我总是会系安全带，开车很慢，不酒驾，并远离任何可能导致严重伤害的运动。但是我的许多朋友喜欢滑雪，玩单板滑雪，享受飙车的快感，并在科技股上投资很多钱。我们对待风险的方式各不相同，青少年也是如此。

冒险也不完全是坏事。美国医学研究所有篇关于青少年的报告名叫《风险和机遇并存》，旨在提醒科学家，冒险意味着探索、想象力、新的人际关系、检验独立的程度、培养新的价值观、激发创造力。这些都是非常积极的特点。我会在第五章进行更详细的介绍，帮助父母了解如何保护十一和十二年级喜欢冒险的青少年，不让他们危及自己的生命和未来。同时，帮助你的青少年孩子评估某种行为的危险程度也是非常有帮助的。

在青春期中期，青少年希望更独立于家庭，与此同时，同龄人群体渐渐变得更加重要。与童年时代的朋友相比，青少年的朋友们可能会在此期间发生变化，青春期中期的青少年可能更倾向于选择意气相投的青少年做朋友。这个时期的青少年常常有成群的朋友，而几年前，他们只有一个最好的朋友。同龄人团体肯定了青少年自己的形象：被某个团体接纳或者排挤之后，青少年能够更多地了解自己是谁，并更多地了解他们看待自己的方式。由此可以预料到，青春期中期的青少年喜欢和朋友穿同样的衣服，听同样的音乐，发展同样的兴趣爱好。

要关注青少年孩子结交的朋友，这能够帮助你了解自己的孩子。如果青少年跟名副其实的"好孩子"交往，他们可能会互相帮助。如果你发现孩子结交的朋友抽烟喝酒，那认为只有你的孩子不会抽烟喝酒是非常天真的。然而，父母可以感到欣慰的是，尽管朋友影响着孩子每天的决定，他们仍然需要父母帮助他们做出长远的决定，比如教育和职业准备。

青春期中期的孩子很自恋，好像世界都在围绕着他们旋转。青少年中期的孩子可能显得自私自利。和他们一起生活可能令人无法忍受，他们可能会忘记收拾自己浴室里的衣服，忘记做家务，或者忘记参加家庭中的重要活动。他们不太可能设身处地为你着想。当艾丽莎还是个青少年时，有一天晚上，当我结束出差回到家里时，她等着和我倾诉她最近发生的事情。整整1个多小时，她都在滔滔不绝、兴致勃勃地讲她的故事。我问她："亲爱的，你不打算问问我这次旅行吗？"她回答说："不，妈妈，我要说我的事情！"

在青春期中期，许多青少年开始培养抽象思维能力。在这些日子，我喜欢与格雷戈里谈论各种想法：他能够掌握新概念并以新的方式应用它们。青春期中期的青少年会体验一系列新的感受，包括同情和理解他人感受的能力。在这个时期，青少年会提高智力和创造力，也可能开始认识到自身的缺点，但这可能导致部分青少年自尊心受损、抑郁、焦虑和饮食失调。

在这本书中，更关键的是，性、伴侣关系和性表达在许多青春期中期青少年的生活中尤为重要。大多数人在青春期中期会经历初恋，大多数青少年开始更强烈地体验到自己的性感受，大多数人会拥有自己的初恋男友或女友，多数人也都会尝试性行为。大多数人会了解自身的性取向——自己是否是同性恋、异性恋或者双性恋。他们也对自己的性别认同有了更深入的理解。

在美国，青少年初次性交的平均年龄就处在青春期中期。通常来说，男孩初次性交的年龄是 16 岁，女孩初次性交的年龄是 17 岁。我在接下来的章节里会更明确地谈论这些内容。

最近，有个朋友给我转发了一条网络留言，这篇文字叫《猫时代》，留言没有透露作者的名字，但准确地概括了青春期中期的特点。这个人写道：

我刚刚发现，儿童是狗，忠心耿耿、充满柔情，青少年是猫。做狗的主人很容易。你喂养它，训练它，命令它，它把头依偎在你的膝盖上，盯着你看，仿佛你是一幅画。当你叫它的时候，它在屋里热情地蹦蹦跳跳。

然而到了 13 岁，你热情可爱的小狗变成了不爱理人的大猫。当你要它进来时，它露出满脸惊讶的表情，好像在说：是谁让你成了皇帝？它不再跟随你的脚步，常常失踪。通常你不会看到它，除非它饿了。无论你喂它什么食物，它都会嗤之以鼻。当你像以前那样，温柔地伸手抚摸它的脑袋时，它会把头扭开，然后很冷漠地看看你，好像在回想，它是在什么地方见过你。

狗现在变成猫了，但你还没意识到，只觉得这肯定出了什么问题。它看似如此抵触社会，如此漠然，还有点沮丧。它不会参与家庭的郊游。既然是你养大了这只小狗，教会它去取东西，待在那里，听命于你，你就认为是你做错了什么，内心充满了愧疚和恐惧，于是你加倍努力让它听你的号令。

只是现在，你面对的是猫，所以之前奏效的办法现在都适得其反。叫它，它就逃跑了。让它坐下，它却跳上了柜子。你越是走向它，它就越是离得远远的。

你需要表现得像猫的主人，而不是继续像狗主人那样行事。把食物放在门附近，让它自己过来。但是请记住，你的猫也需要你的帮助和关爱。坐着别动，它会走过来，寻找你温暖而舒适的膝盖，对此它还没有完全忘怀。守在那里，为它开门。

青春期后期

上面这篇网上留言，在结尾时谈到了进入青春期后期（late adolescence）的变化。帖子写道："某天，你快要成年的孩子会走进厨房，热情地吻你，然后说：'你站了一整天了，我来为你做几道菜吧。'然后，你就意识到，你的猫又变回了狗。"

到了青春期后期，许多父母会松一口气，他们觉得又找回了自己的孩子。在青春期后期这个阶段，年轻人开始逐渐承担成人的角色和义务。通常来说，女孩步入青春期后期的年龄是16—18岁，男孩步入青春期后期的年龄是17和18岁。如今在美国和其他西方国家，很难知道青春期什么时候结束。许多年轻人通过延长学习、继续住在父母的家中，或者旅行来推迟承担成人角色，并且通常逃避承担工作责任和家庭责任。事实上，在21世纪之交，年轻人比历史上任何时候都更迟地承担起成人的责任。例如，美国的平均初婚年龄是有史以来最高的：1956年，年轻女性大约20岁结婚，年轻男性大约22.5岁结婚；而到了2005年，女性大约26岁结婚，男性大约27岁结婚。我知道还有些将近30岁或30多岁的年轻人，仍然纠结于青春期后期的情感问题。

到了青春期后期，生理发育已经成熟。年轻人的身高已经完全达到成人水平，他们的第二性征比如乳房和阴茎大小等几乎已经定型，而且他们的外貌通常已酷似成人，对于身体形象、性别角色定位和性取向都已经有了完善的认知。尽管对于大学校园的男生和女生来说，饮食失调现在成了主要问题，但是青春期后期的青少年通常对自己的身体非常满意。

从智力上看，青春期后期，青少年的思考能力达到了前所未有的水平。大多数人能够进行抽象思考，能够辨别可能发生的事情和实际发生的事情。这个阶段的青少年开始更多地意识到，他们过去和现在的决定会如何影响他们的未来。他们能够理解并预测自己的行为和决定所产生的后果，具备妥协的能力，并且能够约束自己的行为。他们也形成了自己的价值观，知道什么对自己很重要，此外还形成了强烈的道德观，并能明察事理。

有一些19岁和20岁的青少年很难进入到这个青春期的最后阶段。青春期后期的青少年更能了解自己的优点和缺点。意识到个人缺点可能导致抑郁、自杀倾向和其他情绪障碍。此外，精神分裂症和双相情感障碍等精神疾病往往会在这个阶段发生。如果他们难以应对，请立即为他们寻求帮助。

这个时期，青少年常常会离开父母家，去上大学或者开始参加工作，大多数会开始制定更实际的工作目标。有些青春期后期的青少年开始参加工作（在18—19岁的青少年中，有一半会找到第一份工作），有些（在18—19岁的青少年中，有2%的女孩和6%的男孩）会结婚，差不多有20000名青春期后期的青少年会从军。许多青少年开始热恋，这常常是他们初次成熟的恋爱（对有些人来说可能是最后一次）。做父母的该放手了，让孩子走向成年，当然，这个过程并没有听起来那么容易。

到了青春期后期，最让人欣慰的是，许多父母会说他们和孩子的关系更像成人之间的关系。在青春期后期的青少年行为中，同龄人不再发挥决定性的作用，青少年和父母的关系开始迈向成人之间的关系。他们可以重新和父母一起外出，分享想法和认知。你可能听过这样的笑话，有个年轻人在大学第一学期结束后回到家里，问他的父母："我离开的这学期，你们怎么变得这么聪明了呢？"他正在向父母表明，他准备以新的不同的方式，重新融入他们的生活中。用那篇留言里的话来说就是：你的狗狗又回来了！

初中时光

第三章

The Middle School Years

Exercise
价值观练习题

上学之前吃早饭的时候,你八年级的女儿穿着露大腿的超短裙和呼吸时会露出肚脐的紧身 T 恤。你会:

☐ a)保持微笑,什么都不说。
☐ b)告诉她去换身衣服。
☐ c)问她穿这样的衣服是想传达什么样的信息。
☐ d)想知道你的小女孩发生了什么事情。

你七年级的孩子开始总和某个朋友出去玩,但你不喜欢那个朋友。你会:

☐ a)禁止他(她)和那个朋友见面。
☐ b)邀请孩子的那个朋友到家里,更好地了解他(她)。
☐ c)忽略这件事情,因为你孩子的大多数朋友都是很不错的。
☐ d)坐下来和你的孩子谈谈。

当你走进起居室,发现你八年级的孩子正在和他(她)的女朋友或男朋友热吻。你会:

☐ a)大声咳嗽,希望他们听到你的声音以后停下来。
☐ b)悄无声息地走出去,希望他们没有看见你。
☐ c)直接对孩子的男(女)朋友说:"不要在我的房子里和我的儿子(女儿)做这种事,你该走了。"
☐ d)邀请他们和你讨论他们的行为以及设置性界限的意义。

你走进游戏室,看到你 12 岁的孩子正在电脑上看成人色情网站。你会:

☐ a)关掉电脑,罚他(她)1 个月不能上网。
☐ b)什么都不说,让他(她)继续看。总之,有好奇心是正常的。
☐ c)提醒他(她)你设定的上网规则。
☐ d)和他(她)谈谈色情内容,以及你对色情网站的看法。

步入初中

我清楚地记得,我上初中的第一天,心中充满恐惧。我即将离开读了4年的小学高年级。我害怕接触新的同学、新的班级和新的教学楼,尤其是不得不在体育馆换衣服。我曾听说过一些关于女孩更衣室的谣言,听说过在体育课后洗澡是什么样子。我将要进入七年级了。

如今的初中可能在五六年级就开始了,直到八年级结束。为年少的青少年单独设立学校是个相对较新的观念。我父母读的是文法学校,涵盖了一到八年级。直到1945年,初中才开始流行。从初中(七年级到九年级)到现代中学的转变,始于20世纪60年代的改革运动。在过去30年里,现代中学的数量激增,而旧式初中的数量直线下降,全美略超过1000所。

坦白地说,我对现代中学并不是很看好。把10岁或11岁的前青春期孩子和13岁的青春期少年安置在同一所学校,在我看来并不妥当。如今,10岁和11岁的孩子正面临着许多我们大多数人在那个年龄段无法理解的问题。学校管理者告诉我,为了解决跨度巨大的发展问题，他们把年少的初中生和较年长的初中生安排在教学楼和宿舍楼的两侧，诸如此类。然而，这些孩子依然会坐同样的校车，有共同的课间休息时间，用共同的卫生间，在共同的食堂进餐。换句话说，他们拥有同样的中学环境。

因为和较成熟的大孩子生活在同样的环境中，你的孩子将会在中学面临许多新的社交难题。许多少年在这个时候开始有了初恋男朋友和女朋友，第一次参加男女共同参与的派对。他们可能会面临来自同龄人的压力，参与酗酒、抽烟，甚至尝试性行为。

正如我在第二章所谈到的，他们很可能正在经历人生中自婴儿期以来最大的生理变化，这些生理变化也常常伴随着巨大的情感变化。用全国中学协会（National Middle School Association）的话来说："在10—15岁这几年期间，青少年经历了他们人生有史以来最迅速最深刻的个人变化。"适应中学生活对父母和孩子来说都并非易事。

根据全国中学协会的建议：高质量的中学，不管结构如何，都应该具有某些特征。当你评估孩子的中学时，你可能会问：

◎ 老师受过专业培训吗？会尽力帮助青少年吗？
◎ 对学生成绩、师生关系和社区活动等目标，有共同的明确愿景吗？
◎ 对老师、父母和学生有很高的期望吗？
◎ 每位学生都有个成人来充当导师或引路人吗？
◎ 家庭和社区之间有合作机会吗？
◎ 是否致力于营造积极的学校环境，是否意识到物理设施和人际关系对年少的青少年同样重要？
◎ 课程具有挑战性和探索性吗？

◎ 使用的教学方法和学习方式丰富多彩吗？

◎ 除了分数和测验，还有其他的方法评估学生吗？

◎ 对于青少年的需求、个体差异、融入同龄人群体以及打破时间的严格规定，学校能够灵活地处理这些状况吗？

◎ 对于健康和安全的重视，是否在政策和活动之中有所反映？

◎ 有没有提供指导和援助服务，让同龄人有机会进行讨论，让个人有机会获得专业人士的关注，并在需要的时候推荐相关专家？

对年轻人来说，从小学到初中，其中一个重大的变化是他们的同龄人团体。正如我在第二章中所说，到了青春期早期，朋友变得非常重要。请注意，在孩子成长早期，有没有朋友并不重要，但是到了初中和高一，他们对朋友和更大社交团体的依赖达到了新的高度。

同龄人的压力有多大？

不管成年人怎么看，青少年都告诉研究人员，他们并不认为朋友们直接敦促他们参与冒险行为。事实正相反，许多研究表明，青少年反馈说朋友们会更多地督促他们不酗酒、不吸毒、不参与性行为，而不是参与这些冒险行为。

同龄人压力是把双刃剑，只有通过这种方式，青少年之间才会互相影响。他们会模仿彼此的行为，例如穿什么样的衣服才算时髦，是否要约会，在运动和学业上投入多少。对于可接受和预期的事情，他们互相设置了规范，例如，是否该抽烟？是否该喝酒？是否该尝试性行为？但同时，他们也为彼此提供了尝试冒险行为的机会，例如去无成人监管的派对和父母外出的家里。

在初中，孩子可能会初次感到要被迫参加某些活动以便融入某个团体，对一些年轻人来说，这意味着他们可能会抽烟、偷窃或者尝试酗酒。令人震惊的是，在八年级的学生中高达 30% 的学生每天至少抽 1 支烟，13% 的学生吸大麻，2/3 的学生说自己喝过含酒精的饮料，1/4 的学生说他们现在喝酒，28% 的学生说他们至少喝醉过一次。

初中的孩子也属于青少年圈子，这个圈子远远不止学校和你们居住的小镇。电视和电影会展现广受吹捧的青少年文化。请在本周花点时间看看这类青少年电视剧，例如《恋爱时代》《流行之星》《马尔科姆的一家》或《圣女的魔咒》。这些电视剧向青少年传达了什么样的信息，又诠释了怎样的青少年形象？现在流行什么样的服装和音乐？这些电视剧里青少年如何相处？他们如何跟生活中的成年人相处？关于喝酒、吸毒和性行为，这些电视剧传递了什么信息？那些受欢迎的角色有什么性格特征？不受欢迎的角色有什么特征？是如何描述成年的？（对于以青少年为对象的电影和电视剧，我最不满的就是，那些父母通常不是傻子就是恶人。在艾丽莎上初中时，我们会共同看电视节目，我有时会问她："你想了解这个节目里的哪个成年人？"她常常回答说："没有！"）

回想一下，当你读高中的时候有哪些团体？我们有运动队、兴趣小组、小圈子、痞子帮和失败者。如今的初中和高中，有运动爱好者、家庭作业小组、溜冰族、受欢迎的人、兴趣小组、书呆子、笨蛋组、天才组和摇滚乐迷。我初中时有个朋友把她学校的某个小组命名为"想要成为受欢迎的失败者"。心理学家认为，"这些为以声誉为基础的团体，代表着青少年在同龄人中树立的形象或身份。"换句话说，青少年往往会形成很多圈子，以表明什么样的着装、态度和行为是可以接受的。换圈子可能会很困难，因此要帮助你的孩子在开学时找到合适的圈子，这可能有助于保护他们，从而避免冒险行为。

初中青少年可能会有几个密友，并且也属于其中的某个圈子。大多数初中生都有1—10个密友，平均大约为6个。许多青少年都有最好的朋友，尽管研究表明，在这些最亲密的友谊中，只有1/3会持续1年以上。最好的朋友对孩子的行为影响很大，但是理想的小圈子可能会产生更大的影响。研究告诉我们，年轻人更有可能改变自己的行为以适应他们想要加入的圈子，而不是维持现有的友谊。我记得我在初中时"失去了"几个朋友，他们加入了更受欢迎也更放荡不羁的圈子，但对他们的某些行为我很抗拒。圈子的影响可能非常大。

有趣的是，研究表明，尽管在中学时成为明星的压力很大，学校中的主导群体即"校园明星"，可能不如孩子的亲密朋友圈那么有影响力。初中生非常清楚地知道哪些孩子最受欢迎，以及他们离这个群体有多远。我清楚地记得艾丽莎曾经告诉我，她加入了第二受欢迎的女生小组。例如，校园明星们的行为似乎不会影响初次性交的时间或怀孕的可能性。然而，毫无疑问，这个主导群体塑造了学校的风气，不管是好是坏。例如，如果学校中的主导群体注重学业，这意味着，无论是否在主导群体内，该校所有青少年的成绩都会更高一些。如果校内的主导群体喜欢喝酒，其他人可能会纷纷效仿。

明星群体中的青少年（尤其是高中阶段）更容易有性关系。这可能是因为他们比其他青少年更有可能受邀参加派对、约会，并且结交男朋友或女朋友。反过来，与同龄人和学校最疏远的青少年也更有可能发生性行为，因为性关系让他们体验到了接纳感和自身的价值。

与年长朋友交往会让青少年面临更大的冒险行为。如果你的八年级孩子与十一年级和十二年级的学生交朋友,你可以预料到,他们比交同龄朋友的孩子更有可能饮酒、尝试吸毒和性行为。我认为,不妨鼓励你的孩子和同年级的其他孩子结交朋友,或最多结交1个高年级朋友。对于十几岁的女孩来说,她结交的男女性朋友年龄越大,她越有可能开始性交。

父母应该如何鼓励孩子结交合适的朋友呢?以下是"全国预防青少年怀孕运动"提供的一些建议:

◎ 不要只关注孩子最好的朋友,要留心他们的朋友圈和他们所属的小圈子,了解其他青少年对孩子的影响程度。

◎ 了解孩子的朋友圈中有哪些人。如果结交比较本分的朋友,你的青少年孩子(尤其是女儿)就不太可能尝试性行为或怀孕。

◎ 尽力支持你的孩子与"好孩子"之间的友谊。如果你的青少年与好榜样交往,他们自己就不太可能从事冒险行为。但不要担心他们有一两个高风险朋友,特别是同性朋友。如果在交友时结识更多"好孩子"而不是胆大妄为者,你的孩子就更有可能也成为"好孩子"。大多数青少年都能很好地评判朋友们的行为和品格,因此能够中和他们带来的负面影响。总体来说,除非另有理由,否则请相信你的孩子能够做出正确的决定。

◎ 留意你的孩子与高危男孩以及年长许多的男女性朋友之间的关系,他们的影响可能是负面的。了解你的女儿有哪些异性朋友;与本分的男孩保持亲密的友谊(不是约会,只是友谊)可能会起到保护作用;与高危男孩交往实际上更可能促使她过早有性行为。
◎ 了解孩子的朋友与其父母之间的关系。如果女孩的朋友都与他们的父母感情亲密,那这样的女孩就不太可能有性行为。对于积极融入青少年生活的父母来说,这里还有个好消息:与孩子越亲密,他们在寻求建议和帮助时,对朋友的依赖也就越少。

对于初中生的父母来说,最大的挑战就是你的孩子可能加入了错误的圈子或者结交了你不喜欢的朋友,面对这样的情况你该怎么办?这可能是你干预他们挑选朋友的最后机会。毫无疑问,等到他们进入高中和学会开车以后,你可能并没有很多机会为他们的交友提供建议,但现在你可以。就像在孩子小的时候,你可以决定让你的孩子去哪个家庭玩,和谁去逛商场,放学后可以做什么,可以给谁打电话并打多久。但与孩子上小学时不同的是,跟孩子讨论这些问题比单纯地告诉他们该做什么要妥当得多。如果你对某个孩子或团体感到不快,你可以邀请他们来玩,并观察他们与你和孩子的互动情况。要相信你的直觉,不要害怕告诉孩子,你希望他们在校外不要与某个孩子或团体交往,并告诉他们你为什么这么认为。但你要试着帮助他们自行得到这些结论,而不要对他们下达最后通牒。

不妨多多了解孩子朋友的父母。这些父母是孩子的生活额外的关爱者,了解他们也有助于应对同龄人压力。当艾丽莎就读六年级的时候,我听腻了她经常说:"但简的妈妈让她这样做!"听到这种话几个月以后,我邀请艾丽莎五位最好朋友的家长来我们家吃甜点并进行讨论。(有趣的是,只有妈妈们来了。)我的目的就是看看我们是否能够针对孩子们的衣服、化妆和外出的事情上商定一些规矩,并且都能够达成一致。毕竟，如果你的儿子或女儿知道你和简的妈妈有相同的要求，那他们说"但简的妈妈让她这样做"就没有什么效果了。虽然各个家庭的宗教价值观迥然不同，既有一神普救派的，也有不参加教会礼拜的，还有五旬节教派的，但我们能在几小时内商定出针对七年级孩子一套的原则。这包括通话权（通话限制为 10 分钟，晚上 8:30 之后不许打电话）、化妆品（可以使用唇膏，但禁止使用眼线笔）和约会（我们不允许）。你还可以交流：哪些级别的 DVD 可以在派对上播放，是否可以独自去商场或市中心，是否可以在无成人监督的情况下去彼此的家里玩，以及是否可以参加男女派对。

在进行这类会面以后的第二天，非常适合与初中孩子讨论一下同龄人对他们的生活产生的影响。青少年需要成人帮助他们权衡积极和消极的影响（这些朋友希望你和他们喝酒，那些朋友则希望你戒酒），以及来自媒体的、截然相反的同龄人压力。许多初中生反映，找个男朋友或女朋友是他们面临的压力之一，而且他们可能早在五年级就会承受这种压力。

形影不离

初中生不会约会，但他们会"影形不离"。如果你从五年级开始上初中，你可能会惊讶地发现，早在 10 岁或 11 岁，学生们就可能会"影形不离"。

在中学时"形影不离"与我们以前在初中时找个男朋友或女朋友没什么太大的差别。"形影不离"的年轻人很少去任何地方。研究表明，不到 60% 的人和对方去看过电影。这种"形影不离"主要是在告

"形影不离"的初中生仿佛正在试着品味恋爱究竟是什么样。
这个年龄段的大多数年轻人还没有真正培养出体谅他人的能力,
所以这些关系可能会戛然而止。

诉你的朋友，你喜欢某个男孩或女孩，然后你的朋友们再告诉其他的朋友，如果对方也同意，那么，新的情侣就会"应运而生"。这些情侣可能会在大厅里等待对方；在笔记本上写下对方的名字，晚上也会煲电话粥；在学校舞会或派对上，他们可能只会与对方跳舞；在自助餐厅里，他们可能会（也可能不会）坐在对方身边。有时候，他们根本不会共同做任何事情，只要大家知道他们是"影形不离"的情侣就足够了。

你可能会惊讶地发现，大多数初中生都已经在与某个异性谈恋爱。在13—14岁的初中生中，有82%的人表示，他们有过男朋友或女朋友。这些关系通常非常短暂，通常只持续1—2周，很少会超过3个月。这个年龄段的大多数情侣不会共同度过很多空闲时间，只有不到半数的人会说他们在谈恋爱。

但是，这并不是说一些较小的青少年不会强烈地体验到这些早期的浪漫关系，或者父母应该忽略它们。许多成人都对初中生的情愫嗤之以鼻，甚至使用居高临下的术语"早恋"来形容这些情愫。事实上，对于许多初中生来说，这些关系既是短暂的，也不是非常亲密。重要的是有个男朋友或女朋友（通常都是来自合适的圈子），而不是培养亲密的友谊。仿佛初中生正在试着品味恋爱究竟是什么样。这个年龄段的大多数年轻人还没有真正培养出体谅他人的能力，所以这些关系可能会戛然而止。可能某个朋友以前打过电话给你，想要弄清楚你是否喜欢他的朋友，现在，这个朋友又打电话告诉你，他的朋友不再喜欢你了。这段关系也就此结束了。

但是，对于某些初中生来说，在这段关系中萌生的感情可能很强烈，而且分手也可能很激烈。坦率地说，我平生只考虑过1次自杀，那时我在读七年级或八年级，当时迈克尔转告我说，鲍比不再喜欢我了（是否觉得似曾相识？）。幸运的是，当时我最好的朋友凯茜带了许多巧克力冰激凌，吃完以后，我就觉得无所谓了。但情况可能会更糟糕。如果你的孩子在面对分手时感到很痛苦，请参阅第五章中的"初恋"章节。"形影不离"的中学生也有可能尝试性行为。

初中生和性

对某些父母来说，光看标题，可能就很揪心。初中生和性，这是什么意思？然而事实上，部分初中生已经发生性行为了。现在让我们试着放松点，这并不是说，他们中的大多数人都赤身裸体，互相爱抚对方，或者发生性交。大多数时候，这意味着他们会牵手、接吻，可能是法式湿吻，或者长时间接吻（青少年仍然称之为"亲热"）。

我们来看看调查报告：

◎ 13岁及以下的青少年中，大约有73%的女孩和66%的男孩有过接吻行为。
◎ 在13岁男孩中，20%的男孩摸过女孩的胸；在13岁的女孩中，25%的人被摸过胸。
◎ 13岁及以下的青少年中，23%的男孩和18%的女孩抚摸过他人的生殖器官。

这些行为可能让人胆战心惊，甚至惊恐万分。请稍稍回想你第一次和异性深吻的情景，不是转瓶子或玩其他派对游戏时接吻的那个人，而是你真正喜欢和关心的人，你还记得他（她）是谁吗？当时你们在哪里？你有什么感想？抱着他／她或者被他／她抱着是什么感受？牵手呢？跳慢舞呢？

我确切地记得那个在我七八年级时和我跳慢舞的男孩。我也依然记得《珍惜》和《旺角卡门》的所有歌词，这两首歌是我们在地下室举行派对时的主题曲。虽然当时我不知如何形容自己的感受，但我仍然记得，当我被抱得很紧时我的身体有怎样的反应，对此我感到既着迷又害怕，因此几乎不敢随音乐舞动。我记得当我的腿感受到男生的勃起时，我感到既惊讶又害怕，想知道别的女孩是否也会遇到这种情况。我从来没有勇气问他，但是我清楚地记得，这种情况发生了几次之后，我私底下感到很兴奋，因为我能让男孩产生这么强烈的反应。

在那个年纪，我不知道如何表达当时发生了什么。当时我不知道什么是湿吻，直到我八年级的男朋友第一次将舌头伸进我的嘴里，我打了他！我当时不知道什么是勃起，也不知道为什么当我和喜欢的男生跳慢舞的时候，我的内裤会变湿。而我可是在能够坦然谈论性话题的家庭里长大的！

和你的孩子谈论这些问题会大有裨益，但这对你和孩子来说可能都很困难。你可以和孩子分享自己青春期接吻、湿吻和跳慢舞时的性经验。你可以利用电影或电视剧里面的镜头，谈谈剧中人物在这些问题上是如何做决定的。如果你的孩子处在一段非常认真的"形影不离"关系中，你就应该跟他们谈谈性界限。关于设定性界限的更多信息，可以参阅本书第四章。

最近报纸上有几篇关于中学生口交的文章。第一个故事登在《华盛顿邮报》上：据说弗吉尼亚州的多名八年级学生组织了口交俱乐部。

其他事情发生在美国的其他地区。这些报告存在明显的性别偏见：报道说女孩们会进行口交，但男孩们没有为他们的女朋友口交。记者们（和父母）都感到愤愤不平。对于这种所谓的口交趋势，我曾做过几次电视访谈。

对父母来说，幸运的是，这种趋势可能是媒体效应造成的。回头想想：当你读八年级的时候，你是否认识某个或几个被认为是拥有性经历的"坏女孩"呢？事实上，我认识，我甚至还记得她们的名字（我就不详说了！）。我相信确实有些初中生会有相当老练的性行为，但是这个年龄段的大多数青少年都没有这样。然而，我们还没有研究过中学里的口交情况——在我们是青少年的时候没有研究过，现在也没有研究过，政策不允许研究者询问这些问题。随着克林顿的丑闻曝光，我们可以推测的是，有些青年人尝试口交的年龄比我们那时候更早。

然而，我们确实调查过尝试过性交的初中生数量。值得庆幸的是，很少有初中生发生过性交。在 13 岁以下的青少年中，只有 6% 的青少年在 13 岁之前有过性交。年轻女孩发生过性交的比例也下降了，1995 年，15 岁以下的女孩中有 1/5 的人发生过性交，现在这个比例低于 1/6。但是研究表明，那些自称在高中之前发生过性交的女孩，都是被迫发生性交或者受到了性虐待。15 岁以下有过性交的青少年中，超过 1/4 的人说他们的初次性交并非出于自愿。尽管这些女孩随后更可能发展自愿的性交关系，但是在将来的性关系中，和其他女孩相比，他们不太可能采取避孕措施。

我觉得几乎所有的父母和专家都会同意，对于初中生来说，任何形式的性交都为时过早，无论是阴茎—阴道性交还是口交，他们完全不具有从事各种性行为的成熟情感。研究表明，大多数过早发生性行为的年轻人都是问题少年。他们渴求融入感、力量感，并希望受到关爱，但父母、学校和社区并没有满足他们的需求，他们居住的社区似乎抛弃了他们。针对市中心区域的研究表明，在12.5岁的男孩中，有半数发生过性交。这些青少年可能会利用自己的身体和性，去满足他们青春期时对爱和情感的正常需求。如果你发现你的初中孩子有性交和口交行为，那可能就得寻求专业的心理健康咨询了，或者至少做个心理健康评估。这些年轻的性冒险者可能正面临着自尊问题，也可能是家庭问题。

家长有时会问我，初中青少年怎么可能会发生性行为呢？毕竟，他们没有汽车，也没有信用卡可以去住汽车旅馆。青少年告诉我们，性行为经常发生在派对上，也常常发生在放学后，此时他们的父母不在家，他们会在自己或父母的卧室里做爱。

男女派对和学校舞会

许多初中学校流行举办男女派对。当我还是青少年的时候，就有这些所谓的男女派对。我仍然记得，在我们11岁的那年，我的朋友雪莉举办过这样的聚会，但我的妈妈不允许我参加。在许多社区里，青少年从五年级开始就会收到派对邀请。事实上，有些中学会为五年级和六年级学生举办舞会，到了七年级，舞会就会成为家常便饭。许多父母很担心，认为自己的孩子才10岁或11岁，还无法承受这些派对和舞会带来的压力。

在大多数情况下，这些派对是无害的演练，能够让青少年成年后的社交生活做一下准备。男孩们常常和朋友们聚在房间的一边，而女孩们则聚在另一边。我第一次陪孩子参加初中生舞会时，看到30年来这些派对几乎没什么变化，我满心欢喜却又稍稍感到不安。女孩们还是在等男孩们穿过体育馆，邀请他们跳舞，而腼腆的青少年根本就没有人邀请。在晚上舞会结束以后，艾丽莎和她的朋友会算一下当天有多少男孩邀请自己跳了多少次舞，就像我在20世纪60年代做的那样。我所能看到的唯一区别就是，这些青少年都穿着蓝色牛仔裤，而我们当时穿着裙子，男孩们则系着领带，穿着深蓝色西服。

在舞会或派对之前，不妨和你的孩子谈谈他们的心理预期。鼓励他们积极与人交往，去人群中跳舞，或者和邀请自己的舞伴跳舞（至少跳一次）。帮他们仔细考虑，如果不想再次和某个人跳舞的话，应该如何礼貌地拒绝。（跳一次舞的建议的确大有帮助，可以防止青少年产生狂热的感情，在初中生的世界里，多跳几次舞可能意味着某种承诺！）鼓励你的女儿邀请女性朋友跳舞，同时鼓励她邀请男孩跳舞。鼓励你的儿子邀请多个女孩跳舞，不要只邀请他们很倾慕的女孩。

当然，你需要确保这些派对和舞会能够保障孩子的安全。打电话确保学校舞会有安排监督人，或者自愿做监督人。（艾丽莎只允许我当过一次监督人，她说："妈妈，我不想我的朋友最终被你写进书中！"）打电话给举办派对的父母，确保他们派对期间在场。要知道派对或舞会的开始时间，以及去接孩子的时间。

举办私人家庭派对时，要了解主人打算如何做个合格的监督人，并确保自己对此感到满意。如果是在地下室举办派对，而监督人整晚都待在楼上，这是不妥的。我强烈建议父母至少每隔半个小时去看看派对房间，或者去补充食物，做做卫生，让孩子知道你在家里。

就像30年前，在家里地下室的男女派对上，也会有接吻游戏的场景。是的，年少的青少年们仍然会玩"转瓶子"和"传递"的游戏。他们也会玩"吮吸和吹气"的游戏，这个游戏本身比它的名字更有深意，包括用嘴巴接传扑克牌。在"柠檬"游戏中，纸条上写着"接吻""舔"或者"摸"，以及身体部位的名称。青少年会抽取纸条，并执行纸条上的指示。在"狂野之吻"游戏中，男孩和女孩为了吻对方或者避免被吻，会扭打成一团。"真心话大冒险"游戏在青少年中很受欢迎，"真心话"意味着要回答很尴尬的问题，"大冒险"通常会让某人去吻某人等，但是有时候的要求要复杂得多。

我基本认为这些游戏没有危害，合情合理，父母没有必要阻止他们。亲吻游戏让年轻人有机会亲吻他人，而无须承受"形影不离"的压力，并稍稍满足了他们的好奇心。然而，你要不时出现，确保他们不会继续发展其他的行为。在派对上，父母要严禁青少年进入卧室。

然而，即使是中学派对场面也会失控。我之前谈到过的"口交俱乐部"事件，这样的场景几乎都发生在父母不在的派对上。现在，我觉得很难想象，父亲或母亲怎么会允许十二三岁的孩子参加无人监督的派对（或者离开很长时间，让这些事情有机会发生），但是事情确实发生了。无论你对举办舞会的孩子有多么了解，都要和他（她）的父母谈谈。

在我们结束有关初中生派对的话题之前，我想和读者谈谈我对某种新趋势的拙见。在美国的某些地方，父母会给青少年举办彻夜狂欢派对。没错，男生和女生都会受邀共度这个夜晚。事实上，有些青年团体会举办留置舞会，这也是男女彻夜狂欢的派对，但有很好的监督机制，通常是在教堂大厅或者社区组织的礼堂中举行。

坦白地说，我不知道组织这些活动的成年人在想什么。这些派对向青少年传递的信息很混乱：从积极的方面来说，他们认为，如果青少年能够与男孩和女孩都交朋友，并信任他们，这是件好事；从消极方面来说，这些初中生的思维很感性，常常会受到同龄人的压力，因此这些派对为他们提供了进行性探索的机会，而不是理智地对待性问题。在黑暗的房间里大家都穿着睡衣，用着睡袋，在这样亲密的氛围中，如果有个女孩说"我一直想看看真的阴茎"或者"如果我们都互相舌吻说晚安会怎样呢？"，此时会发生什么事情呢？用教育家芭芭拉·梅尔兹（Barbara Meltz）的话说："就像前青春期的孩子最初玩扮演医生的游戏一样，可能会因为没有监管而造成非常严重的后果。"在派对上滋生的流言会散播开来，没有参加派对的青少年可能会感受到压力，想要夸大自己的行为。如果你的教会或青少年小组打算举办这样的留置舞会，要确保男孩们和女孩们会分房睡觉，并且每个房间都有个清醒的成人监督他们，房间之间的走廊上也应安排成人监督员。

当然，初中生并不仅仅是在派对上才会出现问题。如今，年轻人有越来越多的无人监管时间——大多时候是在自己的家里。

无人监管的时间

初中生活经常给父母带来新的挑战。课程在下午 2:30 结束，此后没有课后活动，而你要等到下午 6 点才能下班回家。数百万 10—12 岁的孩子都是成了"钥匙儿童"：他们从学校回到家里，每天都有几个小时无人监管。对父母来说值得庆幸的是，大多数研究表明，年少的青少年能够很好地照顾自己：与放学以后父母在家的孩子相比，他们在学校也表现得很优秀，自尊心也不相上下，同时社交能力也旗鼓相当。然而，在本书特别要强调的是，一些研究表明，中学生在家独处的时间越多，就越可能喝酒和尝试性行为。

社会上目前的看法是，孩子在12岁之前不应独自回家，但是有些孩子10岁就开始独自回家了。根据加拿大儿童和家庭部门的说法，家长应该评估自己孩子的自我照顾能力。他们建议你这样想想：

◎ 他愿意独自在家吗？

◎ 他独自在家会害怕吗？

◎ 当你不在家的时候，你能指望他遵守家规吗？

◎ 你相信他会说实话吗？

◎ 他有常识吗？

◎ 他能够采取积极的方法面对意外吗？

◎ 他能够自娱自乐吗？或者他总是需要大人监督吗？

如果以上问题中有任何一个答案是否定的话，那你的孩子很可能还不适合独自在家。

专家建议你在家中做好准备，就像当孩子更小的时候，你会防备孩子弄坏家中的物品一样。这包括确保所有门都有插销，确保孩子知道如何使用灭火器（确保灭火器要能正常工作！），房子的每层楼都有烟雾探测器（探测装置要正常！），家里有急救箱，急救电话号码都已贴好，急救程序你都已经把过关，把酒锁起来，把救急现金放在家中某个安全的地方。

对于放学后独自在家的初中生，则需要给他们制定一些基本准则。

你要确保你的孩子知道，哪怕你下午 3 点不在，但他们依然可以找你。试着留些爱心便签和有趣的便条让孩子去寻找。最好让孩子回家以后就马上跟你联系。每天在特定的时间与孩子联系，确保他们到家了，问问他们当天的生活，提醒他们做家庭作业、家务和练习。你也可以告诉他们，你爱他们，在你心中他们有多么了不起，以及其他充满爱意和肯定的话。确保你的孩子需要帮助的时候，能联络上某个成人邻居，比如，如果被人破门而入或者回家被人跟踪的时候。当然，要知道如何联系警察或拨打 911。当你到家以后，要确保自己花点时间跟孩子聊聊，问问他们今天过得怎么样，让他们知道你在乎他们。先不要忙着做晚饭，或者请他们帮忙做饭，这样你可以让孩子知道，他们才是最重要的。

就像我在第一章谈到的，你可以尽量参与孩子的课外活动。这不仅有利于减少无人监管的时间，也有利于孩子在更大的社区中感受到与他人的联结。体育运动、俱乐部、音乐课、教会、青年团体和志愿活动都会为你的初中生提供重要的机遇。就像我在第一章所说的，参加课内和课外活动能减少青少年过早开始饮酒、抽烟和发生性行为的概率。

当你不在家的时候，你需要严格限制来访者。你可能会想让孩子的好朋友在你不在家的时候过来玩，这确实可能让孩子更加适应独自在家。但一次最多只能来一个孩子（可能跟你的孩子同性），而且你了解和信任他／她。一定要确保你的家不会成为孩子们放学后聚会的地方，因为他们都知道大人不在家。对于无法自律并且无法预见后果的初中生来说，家中的酒柜和卧室的诱惑力太大了。如果你允许初中生孩子在家里接待男朋友或女朋友（或者让孩子去他们无人监管的家中玩耍），这都是在自找麻烦。你也要清楚地表明你的孩子是否可以去别人家里，如果能去，要制定规矩，让他们事先征得你的许可，这样，当你打电话发现没有人在家的时候，你才不会心急如焚。

钥匙儿童的相关研究报告表明，这些孩子比其他的同龄人更有责任感，这是他们的优势。钥匙儿童也有更多独处的机会和时间。这让他们有机会做白日梦、写日记，甚至有时间独自探索性。

"他怎么又到卫生间去了呢？"

无论你之前有多么开明，无论孩子年龄多大，你和他们之间总有些话题难以启齿。手淫就属于这样的话题。事实上，许多已婚夫妇之间也从来没有直白地谈论过手淫。我喜欢电影《安妮·霍尔》中伍迪·艾伦对手淫的定义：手淫就像和自己最爱的人做爱，而那个人永远也不会拒绝自己。

在青春期早期，进入发育期之后，许多男孩和女孩都会开始通过手淫获得快感。研究表明，15 岁以下的青少年中，大约 3/4 的男孩和 1/5 的女孩会手淫。这与年幼的孩子无意识地触摸生殖器不同。这个年龄的青少年，就像成人一样，会寻求快感和高潮。对青少年来说，手淫通常是首选的方式，事实上部分成人也会通过手淫来体验高潮和射精。（顺便提一下，对男人来说，射精和高潮有时并不会同时发生，没到高潮也可能射精。）

在发育期时，有些男孩会"开始"手淫。特别是青春期男孩的父母会常常打电话给我，他们对于儿子长时间将自己反锁在卫生间和卧室里表示很担心。我教育过的初中男生和女生都对手淫很好奇，想了解更多。他们会问这样的问题：多少次才算太多？不手淫是正常的吗？手淫会危害身体健康吗？

这里有些关于手淫的基本事实，较小的青少年需要有所了解：

◎ 在发育期，许多男孩和女孩都会通过手淫获得性快感，但是有些青少年从来都不手淫。
◎ 手淫和不手淫都是正常的。
◎ 手淫不会造成生理和心理伤害。
◎ 大多数人都在某些时刻手淫过。

他们需要知道，手淫的频率因人而异。我喜欢把同事索尔·戈登（Sol Gordon）教给我的东西分享给初中生们。关于"多少次才算太多"这个问题，他是这样说的："如果你不喜欢，一次就够了。"如果手淫影响到孩子的在校学习、家庭作业、朋友或者你的家庭生活，那就说明太频繁了。否则，频率完全因人而异。有些成人每天手淫多次，有些人一年手淫一次或者从来不手淫。

你需要决定的是你是否要限制孩子的行为。如果房子里只有一间浴室，或者孩子与别人共用卧室，请务必与他们谈谈，让他们在独处时手淫，不要影响到其他人。

许多性学家认为，通过手淫了解自己的身体对于成年人的性功能来说非常重要。通过手淫，青少年可以了解到哪些感受令人愉悦，以及怎样体验到性快感。同等重要的是，需要让青少年知道，如果亲吻或爱抚伴侣会唤起他们的性欲，那么，他们可以回家后独自手淫达到高潮。事实上，研究表明，常常通过手淫达到高潮的女孩与不手淫的女孩相比，发生性交的可能性更小，而且在与伴侣的性交中更容易达到高潮。有些成年人曾告诉我，他们希望自己年少时能够懂得告诉青少年时代的伴侣们回家手淫，而不是尝试发生性交。斯碧尔·谢波德在脱口秀中说过，她希望自己在青少年的时候知道如何手淫，而不是在汽车旅馆与他人性交！当然，这也存在争议。在20世纪90年代，美国外科医生乔斯林·艾尔德思曾经建议教导人们手淫，以便预防艾滋病，她因此丢掉了饭碗。

某些家庭出于宗教原因而反对手淫，如果你也这样觉得，你可以和年少的青少年孩子分享这种价值观。但是你要明白，禁止这种行为并不能阻止它继续发生，尽管你的孩子可能会因此感到羞愧和内疚。无论你信仰什么，每个孩子都需要知道，手淫不会危害他们的生理和心理健康。

许多早期青少年在看色情图片（无论是杂志、《维多利亚的秘密》目录，还是互联网上的图片）的时候，会第一次产生手淫的欲望。

初中生与色情

你可能觉得，现在的话题扯得太远了，初中生和色情？然而，无论你是否喜欢这个话题，事实上，早期青少年可能已经从杂志、M-TV、VH1、互联网上以及PG-13和R级电影中看过色情内容了。这肯定与我们以前不同。许多成年男性朋友告诉我，他们会在《国家地理》杂志上看女人的胸，或者在周日的《纽约时报杂志》上看穿着内衣的女人。同性恋朋友们告诉我，他们会在公共图书馆偷偷看色情书籍。我的丈夫还记得，他的朋友们会将8毫米的情色胶卷高举到灯下，互相传看。

如今，和我们以前相比，年轻人获得色情资源的途径更加便捷，资源也可能更生动形象。单单在《维多利亚的秘密》目录中，就有数百页美女穿着小巧而露骨的内衣的图片，没有留下多少想象空间。早期和中期的青春期男孩可能会兴奋地翻看《花花公子》和《皮条客》之类的杂志或浏览色情网站。

许多初中生男孩的父母在给孩子换床单的时候，发现他们的床垫下面有色情资料，或者发现他们网页浏览历史中有色情网站，或者会发现性暗示的短信，这时父母就会向我咨询意见。尽管我没有任何数据可以证明这种事情是家常便饭，但这似乎非常普遍，青春期男孩尤其如此。你要提前认真思考这些问题，以免你的孩子出现这种状况时才感到措手不及。如果遇到"噢，天呐，我现在该怎么办呢？"这种情况时，你是冷静沉着地应对，还是勃然大怒、大为震惊呢？和实际的说话内容相比，你的反应对孩子的影响更大。

想想你的家庭价值观对色情资料的态度。美国人自诩厌恶色情内容，但在过去一年中，有超过 1/5 的成人观看过色情内容。每年都有超过 6 亿张 X 级影碟被租借。在互联网企业中，商业色情网站赚钱最多。很显然，成年人正在寻找这些色情资料。

父母通常想知道，观看色情内容是否会对孩子造成伤害。暂时没有研究表明，观看色情内容会对青少年造成伤害。他们对性的好奇心日益增长，因此，这可能是自然而然的反应。要提醒你自己，这种好奇心完全正常。我在几年前的课堂上做了一个小调查，参与问卷调查的每个八年级男生都想看裸女的照片，其中有半数男生已经看过了。

如果你在孩子的房间里发现色情内容，或者发现孩子正在浏览色

你要提前认真思考这些问题,

以免孩子出现这种状况时感到措手不及。

和实际的说话内容相比,你的反应对孩子的影响更大。

情网站，该怎么办呢？你可以选择视而不见并把东西放回原位。但是，你可能因此错失和孩子谈论自己价值观的可教时刻。对于性的描述，你是如何看待的？你不在意儿子或女儿观看色情内容吗？如果在家里观看色情内容呢？如果允许他们在家观看色情内容，你有权限制色情内容的种类，当然，你可以提出要求，在家不准看色情内容。你应该设置上网的规矩，还可以给你的中学生准备一些附录里列出的书，书中有明确的图可以满足他们对男人和女人的身体，以及人类性交的好奇心。

是时候离开儿科医生办公室了

初中生仍然需要每年体检一次，仍然需要接种一系列的疫苗。事实上，大多数州都要求12岁儿童接种乙肝（通过血液和性传播的疾病）疫苗。根据美国医学会的说法，孩子在11—14岁、15—17岁以及18—21岁这几个年龄段，都需要接受全面的体检。他们应该接受以下检查：高血压，营养习惯，酒精、烟草和毒品的使用情况，情绪问题，在校的一些问题，性行为评估。只要发生过性行为的青少年，都应该接受性病筛查，性交频繁的青少年女生应该每年接受宫颈涂片检查。（如果没有发生性交，女孩可以等到18岁或19岁时做宫颈涂片检查）9—26岁的女孩现在可以打宫颈癌疫苗。

你很可能会发现，儿科医生办公室外的候诊室里有积木和《天才少年》杂志，但青少年不愿意坐在那里。联系接受过青少年医学培训的医生（儿科医生或内科医生）或专业护士。这些医务人员通常是接受过高级培训的儿科医生，知道如何照顾青少年的特殊需求。他们通常专注于治疗 12—21 岁的年轻人。他们不仅对青少年的生理问题熟稔于心，对青少年的情感发育和成长也了如指掌。

不幸的是，全美持证的青少年医学专家不足 500 人。教学型医院可能会提供特殊的青少年门诊服务，或者一家大型的诊所可能拥有一名青少年专科医生。如果想知道青少年认证医务人员的名单，可以访问青少年医学协会网站 (www.adolescenthealth.org)。如果当地没有青少年医学专家，可以考虑将你的青少年孩子培养成内科医生或家庭医生，让他们乐于并致力于为青少年提供服务。

当艾丽莎读九年级时，青少年门诊终于在我们当地的一家医院开业了，我感到很开心，带着艾丽莎去了诊所。我们共同填写了她的病史，然后施奈德博士单独接待了她。在 45 分钟的就诊时间快要结束时，我们共同讨论了一些问题。我当时感到开心而宽慰，艾丽莎现在有自己的医生了，有了她可以信赖的人，有些问题她不愿问我时，可以请教他。

然而，第二天我才明白这件事的意义。我开车带艾丽莎和她的朋友莉萨去看电影。莉萨抱怨说，她必须去咨询在学校为她体检的老儿科医生，她非常讨厌看"小儿科医生"。艾丽莎告诉莉萨，她现在咨询的青少年执业医生是专门照顾青少年的。她还说："她挖掘出了一些连我自己都没想到的问题。"我明白，我做了非常正确的决定。

Special Issue
特别话题

"妈妈,你第一次性交的时候是多大?"

我在给《从尿布到约会》做宣传的时候,最常被问到的问题是"涉及我个人性史的问题,我该怎么回答呢?"父母们告诉我,他们常常被问到这样的问题:你们第一次性交是什么时候?你们和多少人发生过性交?你们现在或以前会口交或肛交吗?甚至被问是否有过婚外情。尤其是婴儿潮这代人,被问及性史和吸毒史时会感到很不安。正如《波士顿环球报》专栏作家艾伦·古德曼(Ellen Goodman)所写的那样:"婴儿潮这代人无所不为亦毫无悔意,但他们希望他们的孩子不要这样做。"我的同事维克多·斯特拉伯格博士(Dr. Victor Strasburger)为他的书起名为《你在60年代认为对的事,却不让90年代的孩子这样做》(*Getting Your Kids to Say No in the 90s When You Said Yes in the 60s.*),这本书现在已经绝版了。

初中生在成长过程中,常常会想去了解一下父母的成长经历。他们喜欢听你讲述年少时的故事,如何面对困境。我鼓励你和孩子分享你中学的回忆和当时面临的问题。这种分享帮助你们建立对彼此的信任,为你提供"可教时刻",以便和孩子谈谈你对他们行为的看法。

初中青少年会问这类问题，也可能是想深入了解你或者试探你的底线。当然，他们也可能是真心想要了解你的性史。尽管大多数时候，我认为他们是想更深入地了解性行为，以及如何做出正确的决定。如果没有令人不快，他们也是在为你提供"可教时刻"。

我并不认为，父母必须与孩子分享自身性经历的点点滴滴。你可以告诉孩子，有些事情是你的个人隐私。（你也要明白，他们可能也有一些事情是对你保密的。）

当青少年问及你的个人性史和性经历时，你需要仔细思考要如何答复。当然，这取决于你作为一个青少年时的经历是否支持你想和孩子分享的价值观。我来解释一下，如果你认为青少年在大学之前不应该发生性交，而你第一次做爱是在你读大学的时候，那你的经历就契合你的价值观。你可以说："我第一次做爱时在读大学，我希望你也可以等到读大学之后再尝试。"反过来，如果你在13岁的时候发生了第一次性交，但希望你的孩子等到18岁之后再发生性行为，那么，告诉他们真相可能会有损你的威信。遇到这种情况，你可以这样说："我现在不愿和你分享这类隐私。但你似乎很想知道大家是如何断定自己是否可以发生性行为的。在我们家，我们认为……"然后表达你的价值观。谈谈人们如何辨别自己是否已经为成熟的性关系做好准备了。

你可能也愿意跟孩子分享，你以前是如何面对人生中的重大抉择的。SIECUS有本小册子名为《现在我该怎么办？》。在这本小册子中，心理学家鲍勃·西尔弗斯通建议你这样说："我很乐于谈谈我的决定，它们都是认真思考的结果，这些决定对当时的我来说是正确的。等你长大以后，我的这些选择可能并不适合你。但是首先，告诉我你为什么想要知道。"这样表达的意思是，明智的选择需要思考，有些决定在特定的时间适合某些人，但是不适合其他人，并且父母能够帮助孩子做出明智的选择。

孩子可能会问到你现在的性生活。"你和爸爸……"我认为，在大多数情况下，都不宜与孩子分享我们当下性生活中的细节。你可以对你的初中生说："我和你爸爸做什么是我们的私人事情。你似乎对大人的性行为很好奇，如果你愿意，我们可以详细谈谈这个话题。"大多数心理学家都认为，你绝不应和孩子谈论婚外情。

正在约会的单身父母面临着其他问题。他们的孩子可能会询问他们和目前约会对象的性行为。请记住，行动比空话更有分量。尽量坦诚地与孩子分享自己的感情，但让他们成为你的知己是不合适的。如果孩子在家，把性伴侣带回家时也要三思。毫无疑问，你的约会行为肯定会为孩子将来的约会树立榜样。如果你不希望孩子和很多情人在家里做爱，那么就不要让他们看见你这样做。如果你认真地和某人约会，想让你的伴侣在家和你同床共枕，首先务必和你的孩子谈谈。不要让他们撞见！你让孩子看见的行为应该契合你想给孩子传递的价值观。你可以这样说："我和艾伦已经交往半年了，我们彼此非常相爱。作为成年人，我们希望在我们家里共享这种爱。我们开始考虑在家里共享私人时光。我想她留在我的房间过夜，你觉得怎么样？"

这种简单的交流表达了多层含义。你已经告诉他们：爱和性是并存的；这是成年人的决定；你在乎他们对家庭现状的感受。你已经告诉他们，你愿意与他们谈论不涉及成人性行为细节的性话题。

进入高中
第四章

Starting High School

Exercise
价值观练习题

你九年级的女儿回到家里,告诉你她将和某个你没见过的男孩参加初中毕业舞会。你会:

- ☐ a) 对她说:"我太为你高兴了。我们去购物吧!"
- ☐ b) 对她说:"你还太小了,不能和高中生出去。你不能去。"
- ☐ c) 让她将那个男生邀请到家里来吃饭,那样你就可以亲自考查他。
- ☐ d) 告诉她,等你找机会和你的配偶/伴侣商量之后,再讨论这件事情。

你十年级的儿子参加完学校舞会回到家里,有股酒味。你会:

- ☐ a) 罚他一个月不准外出社交。
- ☐ b) 忽视这件事情,毕竟,男孩就是这样的。
- ☐ c) 等到第二天早上再问他头天晚上发生的事情。
- ☐ d) 斥责他,告诉他喝酒的坏处。

你走进家里,看到你15岁的女儿躺在男朋友的怀里,没穿T恤。你会:

- ☐ a) 转身安静离开,并低声说"抱歉"。
- ☐ b) 歇斯底里,并大叫"马上把衣服穿上"。
- ☐ c) 冷静地让他们到起居室找你谈话。
- ☐ d) 禁止你的女儿外出社交。

你如何看待青少年的性尝试:

- ☐ a) 是成长过程中自然且健康的一部分。
- ☐ b) 无论如何都应避免;除了轻轻亲吻之外,青少年不应该走得更远。
- ☐ c) 如果发生在我的孩子身上,我会感到很害怕。
- ☐ d) 只要不太过分就没事。

进入高中

我敢打赌,你肯定记得高中入学的日子。我记得自己当时 15 岁,穿着紫色迷你裙和紫色印花衬衫。我记得当时感到非常紧张:我会适应新环境吗?我能找到我的储物柜吗?我会找到我的教室吗?我会和其他学校来的孩子交朋友吗?我会找到男朋友吗?

转眼近 30 年过去了,我看到艾丽莎也在准备迎接高中入学的日子。令人难以置信的是,她现在和我当年上的是同一所高中。为了和家人离得近一些,我们几年前搬回了家乡。她没有穿裙子,担心的是应该穿哪条牛仔裤和哪件上衣。但除此之外,她的担忧与我 1969 年的担忧颇有共鸣之处。

就读九年级并非易事。九年级学生是学校里最年轻的学生,他们仍然需要由父母开车送他们或乘坐公交车上学,在课后活动结束时,他们需要有人来接。他们没有了在初中时掌握全局的安全感,他们必须——通常是在更大、更陌生的学校里——从零开始。

进入高中与性健康有什么关系呢?正是在高中之时,美国的大多数年轻人会开始真正地尝试性行为。在高中时，他们可能会经历第一次恋爱；在高中时，他们可能会开始对自己的性取向有强烈的感觉。而且在高中阶段，他们可能第一次在没有父母陪同的情况下参加派对，因为同伴的压力而喝酒或尝试毒品。媒体形象也在告诉他们，这个年龄的所有青少年都在"这样做"。

当孩子进入高中时，妈妈和爸爸们（可能也包括你）也会面临新的育儿挑战。你可能更难以了解孩子的老师，孩子的朋友，甚至更难以了解孩子朋友的父母。14岁或15岁的孩子可能会变得不爱交流，即使到目前为止你们还能坦诚地沟通。在放学后、晚上，再加上周末活动，他也会变得更加忙碌，监控这些活动会变得更加艰难。并且，看到孩子的性逐渐发展成熟，可能会让你产生很多感受和担忧。

不妨在开学时，与你即将进入九年级的儿子谈谈，他们是否感到兴奋、害怕，或两者兼有。这样的谈话也可以让他们知道你仍然乐于帮助他们。和他们分享你自己高中入学的经历，这可能有助于提醒他们你曾经也是个青少年。不妨和他们分享你对他们行为的期望，这能够为未来的讨论奠定基础。和他们分享你对他们性行为的期望，可能会使得他们不在高中初期就开始性交，而是愿意继续等待。

对性行为的期待是什么？

大多数九年级和十年级学生才刚刚开始体会恋爱，其中也包括开始尝试性行为。在美国的大多数社区，高中低年级学生并不是进行约会，而是"形影不离。"高中低年级时的惯例就是，与某个男孩或女孩结对，而不是和某个人共度周五的夜晚时光，然后再换个人共度周六的晚上时光。坦率地说，我对此感到很难过。我在高中和很多男生约过会，并有很多非常美好的回忆，我认为这对成人关系来说是很重要的演练。它还让我有机会了解不同类型的男孩。因为这种关系并不太正式，所以我可以与运动员、学霸和不太受欢迎的男孩约会。我记得我的态度是，任何男孩都可以带我去看一次电影。

在今天的高中，如果某个男孩或女孩约你外出，就意味着要和你"形影不离"，而不仅仅是共度晚上的时光。此时，他或她通常还没有与对方进行任何真正的交流，当然也没有建立起友谊。青少年们告诉我，他们的标准包括这个人是否可爱、受欢迎、体格优秀（或者用青少年的话来说就是"身材好"），以及他们看起来是否优秀。换句话说，邀请外出的决定主要取决于有形的魅力和受欢迎程度。难怪这些关系通常只能维持几周。高中情侣们实际上会共同去很多地方：电影院、演唱会、学校舞会、商场和派对。

如果你的孩子和某人"形影不离"，他们就可能会接吻和湿吻。大多 15 岁和 16 岁的青少年表示，在他们这个年龄约会的情侣中，有 93% 的人会接吻，71% 的人会湿吻，低于半数（48%）的人说他们会彼此爱抚。与他们在中学的学弟学妹们不同的是，他们实际上都会"外出"去到某个地方：高二的学生表示，他们这个年龄段的情侣会约会，会共同度过很多空闲时间。超过半数的人说，他们这个年龄的情侣彼此相爱。换句话说，在九年级和十年级时，许多青少年初次经历爱情，并初次体验到与成人相似的性刺激，包括男孩的勃起（erection）和女孩的潮湿（lubrication）。

青少年孩子非常需要了解这些感受，谁能比父母更好地指导他们呢？然而，很少有父母会与青少年孩子谈论性快感，或者就此做出良好的性决策。必须要让九年级和十年级的孩子知道（特别是如果他们有男朋友或女朋友的话），产生性感受是一回事，实际体验性经历又是另一回事。牵手、接吻、湿吻和爱抚可以强烈地刺激这个年龄的青少年，应该让他们知道，他们可以享受这些感受，而不是进行任何性行为。男孩们需要知道"蓝蛋"这个问题被夸大了：他们可以勃起数小时，没有性高潮，但不会对健康造成任何负面影响。（并且可以告诉他们，在将约会对象带回家之后，手淫可以轻松地释放他们的性压力！）

大多数九年级和十年级学生都会止步于湿吻和爱抚，但在少数九年级和十年级处男处女中，有相当多的高级性行为。例如，1/4 的九年级处男处女和 1/3 的十年级处男处女已经被伴侣手淫过，并且为伴侣手淫过；7% 的九年级学生和 12% 的十年级学生都有口交经验，其中包括射精（毫无疑问，没有射精的比例更高），也有类似比例的学生有过舔阴的经验；1% 的人表示他们曾经发生过肛交。

在九年级和十年级中，少部分年轻人发生过性交（阴茎—阴道性交）。接近四成的九年级学生（总共有 38% 的人：包括 41% 的男生和 34% 的女生）表示他们曾经有过性行为。到了十年级，有 42.5% 的人发生过性行为，这时候有性经历的女孩超过了男孩（女孩有 43.5%，男孩有 41.7%）。更令人吃惊的是，12% 的九年级学生和 13.8% 的十年级学生反映，他们在人生中已经有过 4 个或更多的性伴侣。尽管如此，即使在有性交史的青少年中，性行为也并不频繁。这个年龄段拥有性经历的青少年，有超过 1/3 的人在过去 3 个月内没有这样做过。

在拥有性经历的九年级和十年级学生中，尽管仍然只有很少的人使用更有效的避孕方法，但使用避孕套的比例却非常高。九年级学生中有近六成（59.2% 的男孩和 58.3% 的女孩）在最近的性交中使用过避孕套。然而，只有 8% 的人使用避孕药。事实上，青少年越年轻，他们越不可能使用更可靠的避孕方法。

许多拥有性经历的青少年表示，他们在性行为之前喝过酒，用过毒品。在拥有性经历的九年级学生中，40% 的男孩和超过 25% 的女孩表示，他们在上次性行为之前服用了酒精和毒品。这些数字在高中阶段持续下降，因此到了高年级，只有 17% 的女孩和 28% 的男孩在上次性交之前服用过酒精和毒品。

有什么好消息呢？在高中低年级阶段，父母可以对孩子产生巨大的影响，帮助他们的青少年孩子进行节欲。我认识的几乎所有专业人士以及绝大多数父母都认为，有 25% 的九年级学生会发生性行为的事实令人震惊。我无法想象，有任何父母在得知自己的中学生孩子发生过性行为之后会感到高兴。你可以帮助青少年学会设置性界限。

帮助青少年设置性界限

实话实说吧，你上次与性伴侣谈论性界限是什么时候？如果你已婚或拥有伴侣，随着时间的推移，你可能会"了解"（learned）你的伴侣可以接受哪些东西。如果你是单身并且正在约会，你会如何与新的或潜在的伴侣谈论你对性行为的接受程度？你要如何引入这些话题？

或者，像许多其他成年人做的那样——直奔主题，然后看看会怎么样。想想电视和电影中的镜头吧。在大多数情况下，荧幕上呈现的是认识不久的情侣会充满欲望地接吻，并很快上床。你之前有没有在电视节目或电影中看到过两个成年人在讨论他们想要亲吻和爱抚而不是转向其他性行为，或者他们想要享受非插入式性行为，而愿意因此推迟性交？

我提出这个问题，是因为成年人并没有向青少年亲身示范或交流如何对性行为做决定。大多数父母都没有和他们的青少年谈过如何设置性界限，除开"说不"以外，学校也不太可能教青少年们很多。

尽管今天的青少年会故作高深地谈论性行为，但他们所采用的行为方式，至少可以追溯到我十几岁的时候：男孩的任务是尝试进行下一步的性行为，而女孩的任务就是设定界限，没有任何人从讨论中受益。在一个焦点小组研究中，其中有个男孩这样总结了男性的规则："诸神会原谅我的，因为我要不断摸索。"在某项研究中，作者得出结论："青少年似乎更害怕与伴侣谈论性行为时的尴尬状态，而不是害怕性病和怀孕。"

但除非青少年学会沟通，否则结果可能是灾难性的。最低限度上，如果没有讨论避孕套和避孕药的使用，而且在没有明确同意的情况下，男孩可能会被指控为性侵犯。当我问男孩他们是如何知道女孩同意了他们的行为时，他们经常会说像"你自然知道的"这类话。当我问女孩们是否会有口头上拒绝但实际表示同意的时候，她们点头表示认可。超过 3/4 的青少年说他们的初次性交完全是兴之所至或偶然发生的，这并不令人惊讶。

我告诉艾丽莎，我绝不希望她告诉我，她的第一次性交经历就这样随随便便地发生。我记得我母亲告诉我，"你会永远记得第一次，要确保它是特别的。"（你记得，对吧？几乎所有的成年人都能够回想起他们第一次性交的情景。不幸的是，我的很多男女性朋友都记得，他们第一次的经历并不是非常愉快或非常浪漫，而且他们之中许多人反映当时其实并没有打算进行性交，也没有采用避孕措施。）毫不奇怪，

成年人并没有向青少年亲身示范或交流如何对性行为做决定。大多数父母都没有和他们的青少年谈过如何设置性界限，除开"说不"以外，学校也不太可能教青少年们很多。

大多数发生过性行为的青少年都希望，如果能等年龄再大一点再发生第一次性交就好了。

无论你对青少年性交抱有什么样的看法，你的青少年孩子都需要掌握必要的技能，以便学会如何跟男友或女友设置性界限。有些青少年决定他们会止步于性挑逗；其他人则决定除非他们相爱并采取避孕措施，否则他们不会发生性交。作为父母，我们怎样才能帮助他们了解自己的界限并坚持下来呢？

好吧（在读到本书的这个地方时，你不会感到惊讶），你需要和孩子谈谈这件事情。首先分享你对于青少年性表达的看法，然后与青少年孩子讨论他们如何与伴侣谈论自己关于性界限的决定。要让他们明白，他们有能力坚持自己的决定。此刻的性感受永远不应推翻先前做出的决定。如果孩子觉得自己想要越界，不顾自己和伴侣之前做出的决定，那么，请他们在此后花点时间更多地考虑一下此事，而不是在当时鲁莽行事。你或许可以通过角色扮演和他们一起讨论，如何与男朋友或女朋友谈论设置性界限。他们可以练习说："我真的很喜欢你，到目前为止，我很喜欢我们的性生活，但我还没有准备走得比＿＿＿＿更远。我想要知道，在我们再次谈论这个话题之前，你会尊重这个界限。"

你还记得高中时"垒"的说法吗？在我读书的时候，一垒是搂脖子亲嘴，二垒是男孩触摸女孩的乳房，三垒是触摸生殖器，本垒是性交。如今的青少年会更加粗鲁地谈论这四个环节：他们用四个"F"来形容：湿吻（frenching）、触摸（feeling）、抚弄（fingering），你们自然知道第四个"F"指什么。

研究表明，相比于30年前，如今的青少年会更迅速地经历这些亲昵阶段。许多人告诉我，如果他们不想止步于亲吻，就很可能会进行性交。有些人认为口交是进行亲密性接触的途径，或者可以借此与对方发生性关系而不失去贞洁。

它也被错误地视为"安全"行为。某些青少年告诉我，他们会发生口交，而不是阴茎—阴道性交，因为它不会导致怀孕和感染性病。这话只对了一半。在我过去几年遇到的青少年中，只有少数人知道这个道理。美国疾病防控中心最近的研究发现，在过去1年感染艾滋病的人群当中，有接近8%的人是通过口交感染的。口交也可以传播疱疹、衣原体、淋病和滴虫性阴道炎。需要让你的孩子知道，口交需要使用避孕套，舔阴需要用牙齿隔离膜，即包住外阴的小块乳胶。他们也需要知道，他们不能吞精或在例假期间进行口交。如果讨论这些话题非常令人尴尬，那么请想想，帮助你的青少年孩子治疗口腔淋病或更糟糕的艾滋病会有多么难为情。

青少年们经常问我"我怎么知道我是否准备好性交了？"当然，如果你的价值观是禁止婚前性行为，你可以回答孩子"在结婚的时候"。但很多家长不认同这种价值观，而且大多数父母自己都不会等到结婚以后才性交。我的许多性治疗师朋友认为，禁止婚前性行为实际上是个坏主意，因为性吸引力、性关系的维系和激情共鸣都是大多数婚姻的重要组成部分。

当我在SIECUS时，我曾经协助列了一个合乎道德的性关系标准。我们认为合乎道德的性关系具备五个特征。这种关系应该是：

◎ 经双方同意的；
◎ 非剥削性的；

◎ 诚实的；

◎ 彼此愉悦的；

◎ 会防范性病，以及阴茎—阴道性交所导致的怀孕。

我们来看看这是怎么回事。不妨想想我们对前总统比尔·克林顿和莫妮卡·莱温斯基之间的风流韵事的看法。这是经过双方同意的吗？是的。非剥削性的吗？不好说。诚实的吗？不。相互愉悦吗？根据总统的说法，不是。采取防范措施了吗？根据裙子上的精斑来看，没有！（甚至口交在某种程度上也可能传播性病和艾滋病。如果不知道性伴侣是否患有艾滋病，那么，在口交时，需要给阴茎戴上避孕套；在舔阴时，需要用薄薄的乳胶片遮住阴蒂和外阴。）裙子上的精斑充分表明，他们没有使用避孕套！

这都是非常严格的标准，同等地适用于16岁和55岁的人。无论婚姻状况如何，无论是异性恋还是同性恋，这些标准都适用。我相信，如果我们教导青少年根据这些标准评估他们的亲密关系，那么，他们之中很少有人会发生可能危及情绪或身体健康的性交和亲密行为。坦率地说，我相信这些标准也会帮助成年人、已婚者和单身者。

几年前，我班上的青少年们发明了助记符来记住这些标准。[读者可能记得，可以使用助记符"每个好男孩都表现很好"（Every Good Boy Does Fine）来记住音阶上的音符。] 这个助记符是"你能拥有我的快乐吗？"（Can U Have My Pleasure?）的首字母。其中，C表示双方同意（consensual），U表示非利用（using），H表示诚实（honest），M表示彼此愉快（mutually pleasurable），P表示保护措施（protected）。如果你的孩子不能对所有这些标准回答"是"，那就告诉他们，他们还没有为成熟的性关系做好准备,包括任何类型的性交。除非他们与伴侣进行沟通,否则他们根本无法知道这些标准都是真实存在的。

青少年性健康国际委员会提出了青少年可以发生成熟性关系时应该具备的系列特征。他们提出,每个处在性关系中的人都需要:

◎ 身体成熟;
◎ 具备耐心和理解能力;
◎ 了解性和性反应;
◎ 善解人意并能够受到触动;
◎ 尽力防止意外怀孕和性病;
◎ 面对积极和消极后果,都能够承担责任,诚实认可自己的行为。

此外:

◎ 两个人之间的关系应该是忠诚的,相互关爱和相互理解的;
◎ 伴侣需要相互信任和尊重彼此;
◎ 伴侣应该一起尝试非插入式性行为,并共同从中找到乐趣;
◎ 伴侣必须在发生性行为之前进行交流;
◎ 伴侣必须有安全舒适的性行为场所;
◎ 性关系的动机应该是寻求快乐和亲密。

对于大多数15岁或16岁的青少年来说,这个清单任务相当艰巨。实际上,对于正在阅读本书的成年人来说,这可能也并不容易!

要帮助青少年孩子设定性界限,其中有项重要工作就是限制青少年可以独自进行性探索的时间。青少年告诉研究人员,他们会在两个地方进行性交:家中无人时,在男孩父母的卧室,以及在派对上。事实上,正是在这些没有成人在场的派对上,大多数青少年发生了一夜情。

派对

与高中家庭派对上发生的事情相比,中学男女派对可以说是有一丝甜蜜的。可能每个周末都有人在父母家里举办派对。这些派对不再有接吻游戏,而是会涉及酒精、毒品和性。我采访过的某个青少年对我说:"黛布拉,如果父母们知道发生了什么,他们绝对不会让我们参加派对。"

九年级或十年级孩子可能会要求你在家中举办派对。为成群的青少年举办派对可能很有趣,同时也有点可怕。请记住,不管未成年人在你家饮酒或吸毒以后发生什么事情,你都负有法律责任。为了限制在你家中发生的性行为,以及吸毒和酗酒情况,你需要与孩子达成协议,表明哪些行为是被许可的,哪些行为越界了。要让他们知道,你会陪同参与这个派对,并打算邀请几个其他成年朋友来帮助你。主动陪伴意味着留在家中,不时进入宴会厅,在并不事先通知的情况下给孩子们提供食物和清理物品,并在必要时采取行动。例如,如果有年轻人到家里参加派对并且明显喝了酒,请立即打电话给他们的父母来接他或她。

请和孩子讨论以下这些派对"规则":

◎ 禁止饮酒、吸毒或抽烟。

◎ 禁止不速之客。（提前与你的孩子共同浏览客人名单。告诉他/她，你会拒绝那些不请自来的客人，所以他们不必来。）

◎ 灯要始终亮着。

◎ 派对仅限于某些房间，卧室禁止入内。

有些家长不觉得他们需要主动留意青少年的派对。毕竟，孩子们已经够大了，难道还不足以对自己的行为负责吗？当青少年在一系列焦点小组研究中被问及高危性行为最有可能发生在哪里时，最常见的答案就是：父母不在的派对上。青少年们主动说，在这些派对上，酒精和其他毒品都很常见，判断力会受到影响而被削弱，而且来自同伴的"约炮"压力可能很大，一夜情变得非常普遍。

我认为同样重要的是，如果你要在晚上或周末外出，那么你应该明确地与你的高中孩子谈谈，当你不在家时，客人应该遵守哪些规矩。作为成年人，即使你不在家，你仍然对家中发生的事情负有法律责任。目前，美国就有许多无人监督的派对，不要过于天真地以为，它不会发生在你的家里。确保你的孩子了解，你是知道这样的派对的存在的，并且他们在你外出期间不得举行这样的派对。我的几个朋友有过这样的经历：他们事先发现自己的孩子打算在家中举办青少年派对，然后他们的孩子会因此欺骗他们。我的某个朋友因此取消了她的行程。有的父母则会找个成年看护人留下来。

如果孩子去参加派对，那该怎么办？我认为必须与举办派对的孩子的家长打电话进行交流，当然我的这种做法会让人感到不快。当我这样做时，艾丽莎感到很难堪，她在上十一年级时要我停止这种做法。

这就是她进入高中后,我们之间一些最大的分歧的原因。我想你会惊讶地发现,许多时候,当青少年孩子们在楼下客厅玩的时候,家长们会打算外出,或者说他们要在楼上会客室招待大人。记住,你有义务保证孩子的安全。打电话给举办聚会的家长,看看他们是否打算整晚都在家中监督孩子们。(如果他们不这样做,我就不会让我的孩子去。你必须得做出决定,但是,如果房间里全是不受监督的14、15和16岁青少年,还有酒柜、录像机和卧室,那么,青少年怀孕就极有可能发生!)问问家长们,他们为派对立下了哪些规矩。

如果你决定允许孩子前往,请确保与他们达成协议。和他们进行角色扮演,问他们,如果他们认为这个地方不够安全,怎样才能轻松离开派对。让他们预测你对派对会有什么样的顾虑,然后告诉你,如果顾虑成为现实,他们将如何应对。确保他们会坐车回家,确保他们知道你规定的最迟回家时间。我觉得你不妨晚上等他们回家,然后看看他们的状况如何。

高中初期无人监督的派对之所以会产生诸多问题,其中一个原因就是派对上往往会提供酒精和毒品。

酒精和毒品

在整个美国,大多数青少年在高中低年级时都至少会在社交场合喝一次酒。几乎每个高一学生都必须决定是否要喝酒或使用非法毒品。我们来看看喝酒有多么普遍:70%以上的九年级男孩和女孩都喝过酒,而且在过去30天里,九年级和十年级的男孩中,几乎有半数人喝了五杯或更多酒。接近一半的高中生说他们试着吸过大麻,其中1/4的人在过去 30 天内吸食过大麻。

喝酒的青少年更容易发生性行为。在 14 岁及以下的青少年中，喝酒的青少年发生性行为的概率会增加 1 倍，吸毒的青少年进行性交的概率会增加 4 倍。在拥有性经历的高中生中，1/4 的人表示，他们上次性交时曾经喝过酒或吸食过毒品。（目前尚不清楚其先后顺序，是发生性交在前，还是喝酒或吸毒在前。也许平时喜欢喝酒的青少年也更有可能从事其他高危行为，如性行为，也可能是青少年因为喝了酒才发生了性行为。）

许多父母认为，只要没有人开车，容许青少年孩子在家喝酒就是安全的。但是，你需要了解 SADD 提供的以下事实：

◎ 美国全境内，21 岁以下喝酒都是违法的。
◎ 向 21 岁以下的人（甚至包括你自己的孩子）出售或提供酒属于犯罪行为。
◎ 如果你在家中举办派对，向孩子的 10 个朋友提供酒精并且被抓住了，那么罚款可能会超过 23000 美元，同时你会被判 1 年的监禁。

SADD 建议父母告诉自己的孩子，家长绝不会容忍喝酒和吸食毒品的行为，并让孩子确信，如果他们在喝酒或吸毒，你一定会知道。该组织建议父母与他们的青少年孩子谈谈如何拒绝喝酒、吸毒，或与酗酒者共同乘车，并在拒绝的同时"不会显得像个懦夫"。它建议父母和青少年制定计划，以防孩子陷入危险之中，需要寻求大人的帮助。

人们认为，找代驾（自从我十几岁起就已经存在了）就足够了。

但是有相当多的青少年报告说他们喝酒、开车或者和喝醉酒的人一起开车。1/3的十年级男生以及近1/3的女生说，上个月他们就坐过醉酒者开的车。就我个人而言，这些统计数字比性行为统计数据更令人感到害怕：酒驾每年夺取了成千上万青少年及他们的乘客的生命。确保你的孩子知道，如果他们的司机喝了酒，那么你会安排车去接他们，而且不问任何问题。

关于父母参与减少饮酒和吸毒的数据非常令人鼓舞。与父母双方关系密切的青少年不太可能滥用毒品。相当多的青少年说，因为和父母进行过相关讨论，所以他们没有喝醉或尝试吸食大麻。就像性行为一样，父母的意见确实非常重要。而且在这类事情上，妈妈们也比爸爸们说得更多：青少年们表示他们与妈妈的关系更好，跟她谈论毒品话题更加容易一些，在需要决定是否要吸食毒品时，他们也更可能去找妈妈。但如果母亲和父亲都积极干预，那么，青少年就更不可能喝酒和吸毒。

在这一点上的底线是：和你的青少年孩子交流并告诉他们，你不想让他们喝酒或吸毒。

告诉孩子你知道他们是否喝了酒和吸食毒品是一回事，但了解危险迹象则是另一回事。在孩子回家时，不需要非要看到他口齿不清或步态踉跄，你才知道他喝了酒。根据SADD的说法，"请注意孩子身上的任何变化，不管它们有多么微妙。每种毒品都有不同的影响。"需要留意的部分迹象包括：

◎ 眼睛充血、瞳孔放大、在室内戴太阳镜
◎ 失眠

- 食欲不振
- 格外警觉
- 口齿不清
- 晕头转向
- 过度兴奋
- 嗜睡
- 恶心
- 瞳孔收缩
- 幻觉
- 放松自我约束
- 食欲增加
- 头痛
- 昏厥
- 朋友发生变化
- 改变学习习惯
- 成绩下降
- 丧失兴趣
- 更加愤怒、不满、烦躁、遮遮掩掩
- 偷窃
- 抑郁
- 蔑视既定规则和规定
- 好辩
- 越来越不愿意讨论与他们相反的想法或感受
- 与世隔绝

当然，其中一些"症状"是许多早期和中期青少年的特点。重要的是，要留意孩子行为的突然变化。如果你怀疑孩子喝酒，就和你的孩子谈谈。如果有充分的理由断定孩子正在吸毒，请直接追问你的孩子。我们很少有理由来侵犯孩子的隐私，但在这种情况下，如果他们矢口否认而你仍然担心，我认为你可以搜查他们的房间和个人物品。与其让青少年孩子死于过量吸毒，不如证明自己的担心是多余的并且去处理怀疑带来的后果。

约会强奸药物

我们十几岁的时候，毒品和酒精就已经泛滥成灾，但今天的家长们需要留意一些新型毒品。据我所知，这些约会强奸药物就是必须留心监督派对的最好理由。1998年，15岁的高中新生萨曼莎·雷德带着两个女伴参加了派对，但她告诉母亲说她们要去看电影。在派对上，几名男孩将名为GHB（俗称销魂液）的混合物放入这些女孩的苏打水中。在喝完苏打水的几分钟内，雷德就昏倒了，几个小时以后，她在急诊室死亡。她的一个朋友昏迷半天以后复苏了。还有个女孩没有碰自己的饮料。2000年3月14日，3名18—19岁的肇事男孩被判为过失杀人罪，他们都面临长达15年的监禁。男孩们告诉警方，他们将GHB放在女孩的饮料中，只是想让派对气氛更"活跃些"。

GHB代表γ-羟基丁酸酯。它无色无味，可以在厨房中使用常见家用产品制作而成，配方可以在互联网上找到。人们错误地认为，这种药物会导致女孩想要性交，但事后却不记得他们这样做过。事实上，它可以产生暂时的亢奋和幻觉，导致记忆临时丧失。它也可能导致人们失去知觉，停止呼吸和死亡。其实，据缉毒局（Drug Enforcement Administration）统计，自 1990 年以来，GHB 导致 65 人死亡，另有超过 5700 例记录在案的 GHB 滥用事件，以及 30 多起性侵犯事件。主要受害者是青少年和女大学生。次要受害者是那些男孩，他们不知道他们的行为是错误的、非法的，并且可能危及生命。

洛喜普诺（Rohypnol）也是最常见的约会强奸药物。它也被称为"屋顶"和"蟑螂。"洛喜普诺在美国属于非法药物，但其他 60 多个国家用它来治疗失眠。它通常是白色小药片，可以口服、磨成粉以后加入饮料中或者吸食。它会让使用者产生陶醉感，导致深度镇静、呼吸困难和长达 24 小时的昏迷。它会诱使人过量服用，甚至死亡，尤其是与酒精混合的时候。

父母应该怎么办呢？首先，与你的孩子谈谈 GHB 和其他约会强奸药物。问问孩子是否听说过它们。很遗憾，你需要告诉孩子们，他们不能在派对上把开着的易拉罐随意放置。他们应该随身携带自己的饮料瓶，把它带到洗漱间，或者如果把它们留在任何地方，那就应该新开一瓶饮料。我可以想象艾丽莎会说，"但是，妈妈，我认识的人都不会这样做。"即便这看似很傻，也应该保持谨慎的态度。以下是 SIECUS 的简报"业内谈话"（Shop Talk）提供的其他建议：

◎ 只喝带有防拆瓶盖的瓶装或听装饮料，并坚持亲自打开瓶子。
◎ 不要从大杯子等公用容器中倒取饮料。
◎ 在混合或配置任何饮料时，坚持自己倒或在旁观看。
◎ 如果你认为自己误服毒品，请不要害怕寻求医疗救助。

你的孩子需要知道，而你作为托管人也应该知道，如果有青少年在你的家中失去知觉，应该想到 GHB 或洛喜普诺，并立即叫救护车。如果知道可能是约会强奸药物导致的，并且立即提供相应的医疗救助，就可能挽回生命。

约会强奸药物几乎没有得到媒体的报道。我尚未看到任何面向青少年的电视节目报道过这个问题。但是，媒体是青少年学习两性关系和性行为的主要方式。它会教导他们了解浪漫关系、性关系以及如何具有性吸引力。

媒体

青少年在消费大量媒体信息。事实上，从前青春期到高中期间，年轻人每天平均花费 6.5 小时浏览电子和纸质媒体，这还不包括在学校或家庭作业中用到的任何媒体。根据恺撒家庭基金会的统计，美国儿童成长的家庭中平均拥有 3.5 台电视、3.6 台 CD 播放机或录音机、3 台收音机、2.9 台视频/DVD 播放机、2.1 台视频游戏机和 1.5 台电脑。越来越多的青少年拥有他们自己的媒体：超过 70% 的人卧室里有收音机，2/3 的人拥有 CD 播放器，而且近 2/3 的 8—18 岁年轻人在卧室里装有自己的电视。3/4 的 7—12 年级女生会定期阅读"青少年杂志"，超过 40% 的同龄男孩会阅读体育杂志。

与我们年轻时相比，如今的媒体（尤其是电视）在性信息的传达方面更加露骨，这已经超乎了我们的想象。直到 1964 年，电视上才出现已婚夫妇同床而眠的镜头，或者女士可以露出肚脐。1978 年，电视上才首次出现青少年失去童贞的镜头。直到 1987 年，我们才看到青少年使用避孕套。手淫直到 1992 年才被提及。

今天，性信息、性暗示和性蛊惑在媒体上铺天盖地。半数以上的晚间电视节目都包含性内容，这些节目平均每小时会播放 5 个性爱镜头。在所有网络黄金时段节目中，70% 的节目都会谈论到性或性行为，平均每小时超过 5 次。针对最受欢迎的青少年节目的研究表明，在至少 2/3 的剧集中，剧中人物都会谈论性或有性行为。然而，只有 1/11 的节目涉及避孕或性病预防，或无安全措施的性行为的后果。

青少年会从媒体上学到很多性知识。超过半数的高中男生和女生说他们从电视中了解到了节育、避孕或怀孕预防措施。几乎 2/3 的女孩和 40% 的男孩说他们是从某本杂志中了解到了这些话题。某个九年级女生最近告诉我，她对《吉尔莫女孩》（*Gilmore Girls*）的停播感到非常失望。"黛布拉，"她说，"我从这个节目中学到了很多东西，比如艾滋病、人际关系、饮食失调、爱情和酗酒。"

许多家长担心电视会描绘的性关系非常有限，比如，通常都是性爱只适合充满魅力的单身年轻人，而性关系几乎总是非常浪漫的、自发的、没有风险的。这样的信息通常给青少年暗示是：每个同龄人都在这样做。（对于我们这些已婚的成年人来说，这些信息往往被视为：所有其他人的性生活都比我们更热烈、更有质量、更频繁！）

家长们应该怎么办呢？首先，我认为必须了解孩子正在消费的媒体。请在本周花点时间，浏览一下孩子读过的杂志。他们在读青少年版的《人物》（*Teen People*）吗？或者《十七岁》（*Seventeen*）？还是《男士健身》（*Men's Fitness*）？这些杂志中传递了哪些性信息？把电视换到 MTV 或 VH1 频道，看 1 小时的音乐视频。如果你最近没有这样做过，你可能会惊讶地发现，某些视频会多么色情（以及多么暴力）。

20%—50%的音乐视频充满露骨的性表达或情色意味。要求查看他们浏览的网页，以及他们的挚友浏览的网页。

第二，考虑限制你的青少年在卧室中能够接触到的媒体。如果通过电视和电脑可以浏览未经过滤的网络内容，你的孩子就尤其有可能接触各种图片，而他们（还有你）可能还没有准备好！

第三，试着和你的孩子共享一些浏览媒体的时间。当我得知95%的7岁以上的孩子说他们通常都是独自看电视时，我感到很惊讶。我坚信12岁以下的孩子几乎不应该独自观看黄金时段的电视节目，因为里面涉及太多的性、暴力和其他需要成人解释的话题。但即使是九年级或十年级的学生，也可以通过和父母一起看电视节目而受益。问问你的孩子，他/她最喜欢的电视节目是什么，并问问孩子你是否可以和他/她一起看本周的剧集。

与谈论青少年自身生活中遇到的事情相比，谈论屏幕上发生的故事要容易得多。加州洛杉矶的媒体项目提供了一些建议，我已对它们进行了改编，你可以利用这些建议把一起看电视当作一个可教时刻：

◎ 首先观看节目而不提出你的意见。坐下来，放松，只看不说。等着广告开始吧。

◎ 询问孩子的意见。问问他们或他们的朋友在类似情况下可能会做些什么。

◎ 分享你对正在上演的故事的看法和意见。分享你的价值观，让你的儿子或女儿知道，你希望他们在这种情况下怎样做。

◎ 巧妙地进行沟通。记住你要进行平等的对话，而不是趁机教训孩子。

你也可以与你的九年级和十年级孩子讨论你对他们观看 R 级电影的要求。电影评级系统包括：G（普通观众）、PG（建议家长指引）、PG-13（家长特别注意）、R（限制 17 岁以下人群观看，需要父母或成年监护人的陪伴）和 X（仅限成人）。现实情况是，大多数初中青少年正在看 PG-13 的电影，大多数高中生尽管没有达到年龄要求，却认为他们已经可以看 R 级电影了。令人啼笑皆非的是，如今很多 R 级电影都明显是为青少年拍摄的。最近的电影《一夜大肚》（*Knocked Up*）和《太坏了》（*Superbad*）只能被归类为青少年电影，而两者都属于 R 级。

由于国会的关注，电影院试图更严格地控制青少年观看 R 级电影。我们当地影院的电话录音留言声明，观看 R 级电影的观众必须年满 17 岁，25 岁以下的观众必须出示带照片的身份证，或者必须有父母或成年监护人陪同。此外，录音还提醒，父母必须亲自在影院陪伴他们的未成年孩子，如果发现他们在看不同的电影，家长和孩子都会被要求离开。

这是政策。但事实上，在我们镇上，我认识的每个 15 岁以上的青少年都成功地独自观看过 R 级电影。多场放映的剧院管理非常松散：买一张 PG-13 电影票，等到引座员不留意时，然后溜进 R 级电影放映厅。

父母应该怎么办呢？我能提供的最好建议就是，按照评级系统的要求，陪你的孩子去看这些电影吧。格雷戈里和我达成了协议，只要他和我一起去，他就可以看他想看的任何 R 级电影，他同意在电影结束后有半小时讨论时间，让我说明我认为需要解释的事情。我同意在观影期间闭口不言。这让我有机会看到了更多的青少年电影，并提供了现成的可教时刻。

然而，与你的青少年可能在互联网上找到的内容相比，R级电影已经显得相当温和了。

互联网

超过3/4的家庭都可以上网。在寻常的日子里，只有大约半数的前青春期孩子和青少年会使用电脑。最近的研究表明，在过去的一年中，有1/3的10—17岁青少年在互联网上看到了不良的色情内容，有1/7的人从网上浏览到了不良的性爱方式。

对于青少年来说，上网是获取大量话题信息的一个好方法，有助于他们求学、研究、玩游戏和了解陌生的地方。同时，对于任何年龄段的人来说，这都是获取色情内容的最简单方法。

在最初写作此书时，我做了个实验，我在AOL和雅虎搜索引擎上输入了"性网站"。我在AOL找到了近21000个对应条目，以下是我在AOL搜索结果里首先看到的部分内容：100个性爱网站，1个特别赤裸的色情网站，1个女同性恋性爱网站，令人难以置信的是，还有个提供裸体少女图片的网站。只需点击一下，就可以看到女性互相亲吻和女性进行口交的图片，这些内容都在网站要求我提交信用卡信息之前就可以看到。在雅虎上，我找到了69个性爱网站，4个免费性爱网站，所有这些网站都声称，只要再点击一下，即可提供免费图片。这些网站的确会警告说，你需要年满18岁才能继续点击，但我很难相信这会对15岁的男孩或女孩产生很大的威慑作用。

劳伦斯·J.马吉德（Lawrence J. Magid）表示，与年幼的孩子相比，青少年实际上更容易在互联网上遇到麻烦。他说："青少年更有可能探索网络空间的隐秘角落或边缘地带，他们更有可能接触到身边同龄人以外的群体，可悲的是，他们也更经常成为恋童癖者和其他性剥削者的猎物。"几年前，我在《纽约时报》上读到过一篇关于互联网恋童癖的文章。在1年之内，纽约威彻斯特郡的9名男子因为性虐待他们通过互联网认识的年仅13岁的男孩而被定罪或认罪。据《泰晤士报》报道，被告中包括扬克斯市的官员、萨墨斯学校的前董事会成员、纽卡斯尔规划委员会的前主席，以及已退休的百事可乐集团的发言人。

这篇文章讲述了某个陷入困境的15岁男孩的故事，这个男孩成了一个聊天室的常客，这个聊天室是安排男性与其他男性进行性交的。这个男孩被描述为"在学校疲于应付，在社会上不受欢迎，并质疑他自己的性取向。"他的个人资料显示，他喜欢年长的男人，所有9个被定罪的男人都亲自见过他本人。他的妈妈说，他把所有的空闲时间都花在了电脑上，甚至在家庭度假时候也带着他的笔记本电脑。

我认为，你必须与孩子（包括你的青少年孩子）达成网络安全协议。青少年需要知道，网友有可能言行不符：某人的个人资料显示为青少年，但实际上可能是成年恋童癖者。国家失踪与受虐儿童中心（The National Center for Missing and Exploited Children）建议你制定相关规则，其中可能包括：

◎ 我会将个人身份保密。未经父母许可，我不会透露我的全名、地址、电话号码、家长的工作地址或电话号码，或就读学校的名字和地点等个人信息。
◎ 如果我发现任何感到不适的信息，我会马上告诉我的父母。

◎ 若未与父母商量，我绝不同意在线下见面。我绝不会在线下独自和网友见面。我始终会带着同伴，并且只能在公共场所见面，比如我熟悉的咖啡馆或商场。最安全的做法是首先让我的父母与对方的父母交谈，而且我们初次会面时都会带着父母。

◎ 如果事先未与父母商量，我绝不会将我的照片或任何其他信息发给他人。

◎ 我不会回复任何充满敌意、挑衅或者让我感到不快的消息。如果我收到这样的消息，不是我的错。如果收到此类信息，我会立即告诉我的父母，以便我们可以联系在线客服。

◎ 我会与父母交流并设置上网规则。我们会一起决定我一天中的上网时间、我的在线时长以及适合我访问的网站。如果事先未与父母商量，我不会访问其他网站或违反这些规定。

他们还建议青少年（特别是女孩）在聊天室中使用中性的名字，而不是我最近访问脸谱（Facebook）时看到的"可爱妹妹"（hotchick）或"性感女孩"（sexy-grl）之类的名字。他们建议家长要求青少年不要回复垃圾邮件或陌生人的电子邮件。

家长们，你们需要尽力全面了解互联网和社交网站。可以让你的青少年孩子教你。让他们给你看一看那些青少年喜欢的网站，以及他们认为你会喜欢的网站。要求查看他们的网页。可以和孩子一起用互联网来规划你的家庭假期或选择各种活动。

鼓励你的孩子在网上遇到麻烦时来找你，这就是为谈论性问题奠定基础的时候了。如果他们告诉你某件事情，不要责怪他们或剥夺他们的上网权利。与他们讨论要如何避免问题。要知道，你对他们第一

与他们讨论要如何避免问题。

要知道，你对他们第一个问题的反应，

在一定程度上决定了他们在下次遇到问题时是否还会向你求助。

个问题的反应,在一定程度上决定了他们在下次遇到问题时是否还会向你求助。

我认为过滤器对青少年来说并不是个好主意。这些服务或商业产品会对网站内容进行评级,并拦截某些人认为不合适的网站。问题在于,它们经常会拦截一些健康信息,在某些情况下,它们会完全阻止你的青少年孩子上网。例如,许多过滤器会拦截美国癌症协会(American Cancer Society),因为它提供了关于乳房和睾丸检查的信息,而其他过滤器则会拦截所有女权主义者、同性恋以及关于健康性信息的网站。

有些非电子方式可以更好地在互联网上保护儿童。我的最佳建议就是,不要在孩子的卧室里放可以上网或无线联网的电脑,因为你不知道他们在浏览什么内容。要将电脑放在客厅、家庭活动室或书房中,这意味着所有电脑操作都是可见的。与其求助于电脑管家,父母的积极干预能更好地保护孩子。SafeKids.com 网站提供了一些保护儿童安全上网的最新信息。

有些青少年就像成年人那样,可能会陷入互联网中不可自拔。他们会花太多时间购物、赌博、游戏或浏览色情网站。要监控孩子的互联网使用情况。设置每天 1—2 个小时的上网时限。如果你的孩子难以遵守这些限制条件或偷偷摸摸地上网,与他们好好谈谈。如果情况失控,请寻求专业帮助。

大约 1/6 的青少年报告说,他们上网时收到了主动推送的性挑逗信息或令人不快的电子邮件评论。但是,不要认为限制青少年上网就能让他们免受这种骚扰。你的孩子可能每天都会在学校面临这种令人不快的性挑逗和性羞辱。

面对校园性骚扰

你的孩子是否和你谈论过在学校遭受的性骚扰?没有?今晚问问他们是否经历过令人不快的性接触,或者忍受过骚扰性的言论。然后问问他们是否曾经对其他人也做过同样的事情。

初中和高中性骚扰如此普遍,这让我感到惊讶和震惊。八到十一年级的学生中,有85%的女孩和76%的男孩表示他们曾经是性骚扰的目标。其中,66%的男孩和52%的女孩承认他们对其他人进行过性骚扰。普通青少年既是性骚扰的受害者,也是性骚扰的施加者。教育研究员瓦雷利·李(Valerie Lee)说学校存在"骚扰文化"(culture of harassment),青少年女孩尤其将骚扰和欺凌视为她们人生中最大的创伤。

最明显的性骚扰就是学校员工告诉学生,她或他必须屈从于那些非自愿的性行为,才能参加学校某个课程或活动,或者分数等教育决策将取决于性行为。这在法律上被称为"交换条件式性骚扰"(quid pro quo harassment),这是非法的。以下是某个学生写给咨询专栏作家贝斯·温希普(Beth Winship)的内容:

"亲爱的贝丝:我今年18岁,在读高中。我的数学老师非常可爱 有一天,他让我去某家高档餐厅聊一聊我的成绩。他只是不停地告诉我,我有多么漂亮,并问我下周能不能去他家 他告诉我这会提高我的成绩。我的数学成绩非常差 我该怎么办呢?"

除了交换式性骚扰以外，性骚扰还包括恶劣的校园环境。这种情况会出现，根据教育部的说法，"当令人不快的性骚扰行为非常严重、持续或普遍，影响学生参与校园课程或活动的能力，或影响其从中受益，或营造出恐吓性、威胁性或虐待性的教育环境。学校员工、其他学生乃至于校园来访者，例如来自其他学校的学生或员工，都可能营造出恶劣的环境。"形成性骚扰的非自愿的性举动（unwanted sexual conduct）包括：反复的性挑逗，性接触，与性有关的涂鸦，性侵犯类的姿势，与性有关的下流笑话，性贿赂的压力，在他人面前色情地抚摸自己的身体或谈论某人的性行为，散布谣言或对其他学生的性行为或性表现进行评价。

性骚扰有时体现为欺侮。在我邻近的小镇上，摔跤队的8名成员因为欺负3名新人而被停赛。这些欺负行为包括：多次将男孩们关在体育馆的储物柜中半小时，据说还用塑料刀插入他们的直肠。

12—13岁的女孩被称为"婊子""荡妇"和"妓女"，并在学校被粗暴地要求提供性服务。1/4的高中女生说她们经常听到这种侮辱。以下是某个女孩在焦点小组中所说的话："有人说我是个荡妇。你总是试图假装人们的评价对你没有影响，但其实它有影响。你慢慢开始相信人们对你的评价。"在《华盛顿邮报》的一篇文章中，某个中学女生说，每天都有人在学校里问她："你打算什么时候给我口交？"

触摸、摩擦和身体骚扰也并不少见。有个女孩说："有两三个男孩碰我……我告诉他们停下来，但他们不肯。一直持续了好几个月。最后在我上课的时候，他们都回来之后，将我逼到角落里，并开始抚摸我的全身……下课后，我告诉了校长，他和男孩们聊了片刻。谈话结束后，男孩们大笑起来，因为他们没有受到惩罚。"

他们应该受到惩罚，因为这种行为是非法的。美国最高法院1999年5月认定，即使这种骚扰发生在两名学生之间，学校可能也要为此承担经济责任。

父母应该怎么办呢？首先，与你的青少年孩子（包括儿子和女儿）谈谈这些问题。了解他们在学校时的情况，以及这种行为是否经常发生。问问他们是否曾经是性骚扰的受害者。与他们讨论如何坚决地回应任何非自愿的行为或言辞。他们可以学会说"走开"，"马上停下来"，或"如果再次发生这种情况，我会举报你。"告诉他们，如果情况很糟糕，你会帮助他们处理，并且你希望他们会来找你。同样重要的是，要让你的孩子要明白，这样对待别人是不可接受的。

但这不仅仅是教孩子果断行事。要了解孩子所在的高中是否有特定的性骚扰政策。如果没有，建议行政人员制定这种政策。根据美国教育部的说法，学校应对性骚扰的最佳方式是防患于未然。他们建议所有学校：

◎ 制定并公布性骚扰政策，明确指出学校不会容忍性骚扰，并解释哪类行为将被视为性骚扰。

◎ 制定并公布处理性骚扰投诉的具体申诉流程。

◎ 制定相应通知方法，告知新的行政人员、教师、辅导员、员工和学生学校性骚扰的相关政策和申诉程序。

◎ 为学生、行政人员、教师和辅导员定期举办提高对性骚扰的警觉性的讲习班。

◎ 为男生和女生建立讨论组，学生可以在这里讨论什么是性骚扰，以及如何在校园中应对性骚扰。

◎ 对学生进行问卷调查，了解学校发生的性骚扰事件。
◎ 为家长定期举办性骚扰研讨会。

和孩子谈谈，如果他或她受到性骚扰应该怎么办。让他们来找你，然后应该尽快向学校主管官员反映这种行为。主管人可能是教师、校长、科系主任、辅导员，或学校的第九条［译注：第九条 (Title IX)，美国《1972年教育修正案》第九条禁止在学校课程与教学活动中的性别歧视，其中包括性暴力行为］协调员。告诉他们，你希望他们采取行动来制止性骚扰。同时告诉他们，如果不解决骚扰问题，你将采取法律行动，并联系美国教育部民权办公室（Office of Civil Rights at the U.S. Department of Education）。

Special Issue
特别话题

预防饮食失调

厌食症和贪食症不只发生在其他人的孩子身上。高中生都普遍关心自己的体重和形象问题。40%的高中生说，他们在过去的一个月都在节食。2005年，超过5%的高中女生会服用泻药或故意呕吐，来达到减肥或防止体重增加的目的。6%的女孩在吃减肥药。到大学时，1/4的女生被认为患有饮食失调症。

不仅仅年轻女性患有饮食失调症：多达100万名青少年男孩也被认为患有饮食失调症。2%的青少年男孩会故意呕吐或服用泻药，超过2%的男孩在吃减肥药。青少年厌食症患者中大约有5%—10%是男孩。越来越多的年轻人开始热衷于锻炼身体以及使用类固醇等危险的做法。4%的男孩使用过非法类固醇（没有医生的处方），以便帮助他们保持体型。

在当代美国文化中，大多数人很难对自己的身体感到满意。在针对2000名少女的问卷调查中，《17岁》杂志发现，46%的受访者表示，他们对自己的身体不满意，以及35%的人会考虑整形手术。美体小铺（The Body Shop）有句广告标语是这么说的："30亿女性中，只有8名看起来像超级模特,其他都不像。"1995年,针对成年女性的研究发现,欣赏时尚杂志中的模特3分钟以后,70%的女性都会感到沮丧、内疚或羞耻。模特们如今变得越来越瘦了:20年前,她们的体重比普通女性低8%,而如今是23%。男性模特也越来越瘦了:现在的理想身材是搓板式的六块腹肌,然而,只有在身体脂肪含量低于20%的时候,这才有可能实现。鉴于我们的文化如此热衷于苗条的体型,因此,大多数少女的头号愿望就是减肥,一点也不奇怪。

这种崇尚瘦身的文化是特别美国化的。几年前,在委内瑞拉的研讨会上,我问许多健康专业人士,"我喜欢我身体本来的样子,你是这么认为的吗?"当我在美国提出这个问题时,不到1/6的人举手支持我。在委内瑞拉,房间里的每个人都举手赞成。看起来他们并不比美国其他的青少年健康专业人士显得更好。他们只是更安心地接纳自己的身体,并且认为健康而非纤瘦才是重要的。

有趣的是,在美国,非裔美国人的身体形象往往比美国白人好得多。非裔美国青少年期望的体重比白人青少年更重,并对自己的身体更满意。他们关于体重的态度也反映了成年人的生活态度:与白人相比,非洲裔美国成年人对自己的身体更满意,尽管他们的平均体重更重,而且也更容易超重。

在青春期之前,要帮助你的孩子培养正面的身体形象。但是,在青春期的这个阶段谈论这些问题尤为重要。请记住,在这个阶段,青少年拥有"想象的观众",他们认为每个人都在关注他们。根据"饮食失调宣传和预防计划"(Eating Disorders Awareness and Prevention Program)的说法,拥有正面的身体形象包括:

◎ 明确并真正地接纳自己的身体。
◎ 赞美和欣赏自己的自然体型。
◎ 认识到身体外形很少能体现人们的性格或价值。
◎ 为自己独特的身体感到自豪,并接纳它。
◎ 拒绝花费太多时间来担心食物、体重和卡路里。
◎ 进行锻炼是为了感受到自己身体的运动,并为身体变得更加强壮而感到开心。

怀有负面身体形象的年轻人更容易缺乏自尊,也更容易抑郁。

爸爸妈妈们,说实话……你觉得你的身体怎么样?你向青少年孩子传递出了什么信息?你是否符合上述标准,拥有正面的身体形象?

屡见不鲜的是,那些担心自己的孩子太瘦或厌食的父母,都在向我展示关于体重的不健康形象。我清楚地记得有位女士:穿 2 码衣服的身材,穿着漂亮而昂贵的服饰,是个中年人,但非常健美。她忧心忡忡地对我说:"我担心女儿过分在意自己的容貌和体重。"好吧,这话就像是艾丽莎说的。当我们不断节食、不停锻炼并且一直谈论我们的体重时,我们就在告诉孩子,他们也应该注重他们的外貌。当我们试图规范孩子的进食、节食或运动时,我们就走得更远了:我们可能在为饮食失调奠定基础。

父母可以做以下若干事情,以鼓励孩子培养正面的身体形象:

教给青少年饮食均衡的重要性,以及适度运动的价值。不要将食物分为"好/安全"或"坏/危险"。

谈论健康饮食。每天,青少年需要 3 到 5 份蔬菜,2 到 4 份水果,6 到 11 份面包、麦片、米饭或面食,3 份或更多的牛奶、酸奶和奶酪,以及2—3份蛋白质。此外，青少年在日常饮食中需要补充铁：男孩每天12毫克，以维持体重的快速增长，女孩每天15毫克，以弥补因月经造成的失血。

不要控制孩子的饮食。不要评论他们食物的摄入量。（我当真见过某个朋友从她13岁的女儿手中夺走了第二片面包。不要这样做，这只会鼓励孩子把食物藏起来，之后再大吃大喝。）

反思你自己对瘦身和减肥的态度。如果你的孩子很重或超重了，这并不意味着你是个不合格的父母或者你的孩子很懒惰、很糟糕。提醒孩子和你自己，体重或体形与此人的性格或价值无关。确保你不会无意中向孩子传递出这样的信息：如果他们很瘦的话，你会更爱他们，或者他们减肥以后会觉得自己变得更好。

帮助孩子批判性地审视媒体对完美身体的描述。聊一聊电视和杂志上的图片，尤其是广告。提醒你的青少年孩子（和你自己！），杂志中的模特是由专业人士化妆、修饰和润色之后打造出来的。我曾经读到辛迪·克劳馥［译注：辛迪·克劳馥（Cindy Crawford），1966年2月20日出生于美国伊利诺伊州，美国超级名模］说过，"即使是我，在现实生活中看起来也不像辛迪·克劳馥。"

教育你自己和孩子，了解体形和体重差异的遗传根基。确保他们理解，在青春期的早期，体重增加是正常的和必要的。提醒他们，如果他们遗传了奶奶安娜的大块头体形，那么世界上的各种运动和节食都不会改变它。然后再次提醒他们，这并没有关系。

鼓励孩子定期进行体育锻炼，享受身体的各种活动以及活动带来的感受。与学校共同努力，确保孩子可以有选择多样体育活动的机会。我记得在十几岁的时候，我因为必须参加曲棍球队而被暴虐，但我就是不擅长这种运动。请记住，健身和体型是两回事。

避免对自己的身体和饮食做出负面表述。如果你经常抱怨自己的身体，要知道，你的孩子也可能会排斥自己的身体。

避免因为减肥和饮食问题而和孩子进行拉锯战。确保他们在早餐、午餐和晚餐时吃点东西，但允许他们决定食物的分量；准备一些健康的零食；问问他们希望你在冰箱和橱柜里放些什么；让他们陪同你去购物，并让他们帮助安排餐食。

了解神经性厌食症、神经性贪食症和暴食症的早期症状也很重要。在饮食失调失控之前，父母可以帮助孩子认识到这一点。

厌食症最常出现在青春期的早期和中期。神经性厌食症的一些迹象包括：体重异常下降25%或更多，没有已知的疾病，食物摄入量急剧减少，没有饥饿感，拒绝吃碳水化合物和含有脂肪的食物，尽管疲倦而虚弱，但却长时间地锻炼，并且非常担心体重增加。

相反，贪食症人群似乎会正常进食，体重也保持在正常范围以内。他们经常在私下饕餮无度，迅速吃下极高热量的食物，然后诱使自己呕吐，或以其他形式清除食物。贪食症患者通常比患有厌食症的年轻人年龄大，它可能始于青春期后期。一些研究人员估计，多达20%—30%的女性大学生可能会有贪食行为。贪食症的迹象包括：大量食用热量极高的食物，并在其间夹杂有禁食期，存在贬低自己的念头，以及抑郁症。不幸的是，检测贪食症更加困难，因为这种人通常会试图隐瞒他们的呕吐、使用泻药或利尿剂。

暴食者类似于贪食者，除了它们不会禁食、呕吐或催泻。他们会在某段时间反复吃大量的高热量食物。这不是说青少年男孩能喝完一整箱的牛奶，而是青少年一个晚上可以吃掉接近4升加有乳脂糖浆和生奶油的冰激凌。与贪食者不同的是，暴食者通常严重超重。他们可能在晚餐时吃正常的分量，但体重会继续增加。

如果出现或持续出现任何这些症状，请咨询孩子的医生或饮食失调专家。不要等你的孩子来找你帮忙。研究表明，有60%患有进食障碍症的女孩告诉研究人员，她们不需要咨询。事实上，饮食失调可能致命。5%—15%的饮食失调的年轻人将因此死亡。饮食失调还可能导致慢性肾病、心律不齐、肠胃疾病、下巴腮腺肿大和牙齿问题。你需要为子女负责并寻求帮助。本书最后一章中的机构清单也许会对你有帮助。

高中后期

第五章

Late High School

Exercise
价值观练习题

第一次性交应发生在以下情况中:
- ☐ a) 处在彼此忠诚而相爱的关系中时。
- ☐ b) 婚姻中。
- ☐ c) 大学——至少完成高中学业以后。
- ☐ d) 高中三年级。

当你收拾干净的衣物时,你在儿子或女儿的房间找到了一包避孕套。此时,你应该:
- ☐ a) 什么也不说,什么也不做。毕竟,你尊重他们的隐私,你很高兴他们在保护自己。
- ☐ b) 当孩子从学校回到家时,你手中拿着避孕套,等在前门口,问孩子:"你怎么解释这个?"
- ☐ c) 找个安静的时间,然后和孩子谈谈你对性交和保护措施的看法。

你的儿子或女儿告诉你,他或她有性生活,并要求你帮他们买避孕套。你:
- ☐ a) 说:"绝对不行。这个年龄发生性爱是错误的。"
- ☐ b) 说:"如果你到了可以做爱的年龄,那你已经可以自己买避孕套了。"
- ☐ c) 当天晚上带着孩子去药店。
- ☐ d) 和他们讨论他们对于性爱和保护措施的决定,并分享你的价值观。

你的女儿(或你儿子的女朋友)来找你并告诉你,她认为自己怀孕了。你:
- ☐ a) 告诉她你会安排她堕胎。
- ☐ b) 告诉她必须生下这个孩子。
- ☐ c) 问她打算怎么办。
- ☐ d) 告诉她你希望他们结婚。

保持联结

我想回到本书中的第一条规则。参与青少年的生活至关重要。既然你的青少年已经在上十一或十二年级,参与他们的生活就会变得更难。在大多数州,青少年从 16 或 17 岁就开始开车了。汽车是青少年通往自由的道路,也是从你身边离开的时候。你可能刚刚在车里浪费了和孩子谈论重要问题的宝贵时间。

我们很容易认为,孩子现在已经在十一年级或者十二年级了,那么你已经完成了最艰难的育儿任务。但实际上你没有。他们仍然需要你的关注,需要你花时间参与他们的生活。

青少年希望你能问问他们的生活。有个 17 岁的女孩告诉我,"父母应该知道他们的孩子在做什么,所以我们就不会撒谎了。"他们希望你信任他们,希望得到你的认可。一些青少年心理学家认为,当青少年孩子遇到麻烦时,如果你告诉他们,你对他们的行为感到失望而不是禁止他们外出,这会有用得多。

你需要做出特别的努力,继续参与青少年孩子的生活。尝试每天空出点时间（即便只有十分钟），然后彼此聊一聊各自当天的生活。鉴于你十一或十二年级孩子的学业和放学后的日程安排，让他们每天都参加家庭晚餐可能会很难，但每周至少要陪伴家人吃几顿晚餐。有些家庭有周日晚餐的仪式，任何家人都不许错过。那些很少冒险的年轻人，他们的父母会在他们在醒来时、从学校回家时、吃饭时以及上床睡觉时，陪伴他们。我知道，完全做到这样可能并不现实，但要尽量尝试多陪伴他们。研究表明，如果青少年与父母关系融洽，那么这些青少年实际上与那些和父母长时间相处的青少年一样会感到安心。

尽量为你自己和较大的青少年找些你们可以共同做的事情。也许是非常简单的事情，比如，让孩子每周陪你去购物。也许你们可以共同养成某个爱好，也许是共同去教堂或犹太教堂，或者在社区中心共同参与志愿活动，也许你们可以一起慢跑、锻炼或打网球，也许可以每周在星巴克喝杯咖啡。想想哪些活动适合你们，当地社区又能提供哪些活动。

支持你的青少年孩子参加活动。这和他们小时候去参加游戏、比赛和独奏会同样重要。去参加"返校之夜"活动仍然是很重要的，虽然许多家长在孩子读到高中的最后阶段时就不再参加了。也要经常与青少年谈一谈他们高中毕业后的计划，以及你会如何支持他们，这也是非常重要的。

记得不断告诉孩子，你爱他们。他们仍然需要拥抱，仍然需要你提醒他们你对他们的关爱，即使表面看来并非如此。他们的初恋和友谊并没有取代他们对你的需要。总之，他们可能比以往任何时候都更需要你的关爱和指导。

初恋

大多数青少年都会坠入爱河，完全陷入其中，不能自已——在他们高三或高四时会第一次陷入恋爱。虽然，他们中的许多人此前都与某个人"形影不离"过，但是常常到了高中高年级，他们才有了第一次"恋爱"的经历。太多的父母将这些感情称为"早恋"。他们否定了青少年强烈的感情，并基本上闭口不谈此事。

我希望读者能够回想下自己的青春期。谁是你的初恋？请暂停阅读，回想他或她。你的初恋长相如何？气味呢？（当我在某人身上闻到"独木舟"香水的时候，我仍会浮现出我初恋的音容笑貌！）你们在哪里见面？你有没有用戒指、定制手镯、毛衣或别的东西来将你们的关系"正式化"？你记得第一次恋爱时的感受是怎样的吗？你还记得曾经觉得没有任何人有过这样美妙而令人陶醉的感受吗？想想你与那个人的性经历……牵手是什么感觉？接吻呢？亲热拥吻几个小时呢？开始慢慢探索对方的身体呢？在那段恋情中，你们的性接触发展到什么程度？哪些因素帮你决定了你们的性接触程度？

现在，请尽量回忆你自己的父母对这段恋情的态度。他们是否支持你，邀请你的初恋来家里并融入这个家庭？他们对你选择的恋人有意见吗？他们会试图限制或控制你与对方的交往吗？（这有用吗？可能不管用。）他们会感到困惑，会巧妙地告诉你他们觉得你在谈恋爱是件好事吗？

恋爱中的青少年可能会感受到许多与你相同的事情。青少年时期的初恋往往令人陶醉……并且自恋。因为在这个时期，青少年往往以自我为中心，专注于自身，他们爱的人可能更像一面镜子，反映出孩子所钦佩的品质，而不会如实看到自己所爱的那个人。这种爱甚至可能显得有点痴迷：我记得某个下午，我在餐巾纸上把初恋的名字写了1000多遍。

青少年有时会在初恋中失去自我。学生们开始忽略他们的家庭作业；运动员开始不再刻苦地锻炼；其他朋友会受到冷遇和忽略。青少年经常抱怨恋爱中的朋友不再有时间陪伴他们。没有陪在恋人身边的时候，他们往往会与对方煲电话粥、发电子邮件或者做白日梦。与年幼几岁的情侣们不同的是，这些情侣确实会去约会，而且会共度很多空闲时间。在这些恋爱关系中，大多数（但不是全部）都具有排他性和专一性。

父母应该怎么办呢？首先，要承认孩子的感受。让他们知道，你也曾经是个青少年，并且也有过类似的感受。试着鼓励你的孩子聊一聊他们的感受和恋情。你可以像这样提问：

◎ "告诉我他为什么很特别。"
◎ "你最喜欢他的什么？"
◎ "在你们相处的时候，你最喜欢做什么？"

你也许可以将我的同事兼朋友索尔·戈顿分享的以下信息，告知你的孩子，让他们了解成熟与不成熟的爱情之间的区别。索尔说，在不成熟的爱中，对方关心你比你关心对方要重要得多。你的爱成了对方的负担，这种恋爱的状态会让人筋疲力尽。而在成熟的爱中，他说："对你来说，你关心对方比对方关心你稍微更重要一些。这种恋爱关系是相互勉励和充满活力的。"换句话来说，当你处于成熟的爱情关系中时，你会感到很美好，精力充沛，充满活力。当你处于不成熟的爱情关系中时，你会感到痴迷、沮丧和喜怒无常。青少年和成年人都有这两种经历。你可以帮助青少年评估一下他们的恋情属于哪种类型。

鼓励你的孩子邀请他们的男朋友或女朋友融入你的家庭和家庭生活。了解孩子的伴侣。邀请他们来吃晚餐，邀请他们参加家庭庆祝活动，让你的孩子邀请他们来一起学习（当你在家的时候！），在全家出游时带上他们。让孩子的约会对象融入你的家庭生活，是在确认孩子的感受，评估这个人是否真诚地关心和尊重你的孩子，识别潜在问题，此外，也许会降低孩子发生性行为的可能性。你也积极融入了青少年孩子的生活。（回头再读一遍本章的开头部分。）

这里需要警醒的是：你可以欢迎孩子的约会对象融入你的家庭，但不应该过度干涉这种关系。大多数青少年的恋爱关系只会持续几个月。我有个朋友说，当女儿的男朋友和她分手时，她感到心碎。"当然，我为布伦达感到非常难过，"她说，"但我也为自己感到很难过，我非常喜欢丹尼尔。"在这段恋情还没超过 6 个月之前，不要投入太多。坦诚和热情并不等于就能培养出你想要长久维持的独立恋情。

当然，如果你喜欢青少年孩子对爱情的选择，这种方法效果最佳。但如果不是这样，该怎么办呢？有个家长告诉我："我很高兴，我的孩子终于恋爱了，但坦率地说，我根本没看到她在他身上看到的优点。"还有个家长说："我快疯了，我不能忍受我儿子的女朋友，虽然我想支持他。我应该让他知道我的感受吗？"即便你认为孩子的伴侣和他们不适合，但禁止他们见面是不可能奏效的。（还记得罗密欧与朱丽叶吗？）事实上，这很可能意味着他们会瞒着你，偷偷摸摸和对方见面，而你也将无法了解青少年孩子的这部分人生经历。相反，要与孩子谈谈你的反应，并倾听他们的感受。也许他们看到了你没有观察到的优秀品质，也许他们只是想要找个男朋友或女朋友，也许他们被这个人所吸引，正是因为他或她与你希望的类型截然不同！

尤其重要的是，要让你不喜欢的约会对象融入你的家庭生活中，尽管这可能很难做到。我有个朋友非常讨厌他女儿的男朋友，但无论如何，他们决定带他去度过周末。我问他为什么这样做，他说："我对我认识的敌人比对我不认识的敌人更放心。"尊重这个人，并让他们看到你非常珍惜和爱护自己的孩子，这就等于在向他们表明，他们最好的做法就是善待你的孩子。

相反，你也可能不喜欢你的孩子对待男朋友或女朋友的方式。我有个朋友告诉我，很明显，她的女儿正在利用某个男孩，故意让她的前男友嫉妒吃醋。还有个朋友的儿子认为，是时候找女朋友了。要与孩子分享你对其行为的看法，这是很重要的。你可以这么说："你好像在拼命挖苦你的男朋友/女朋友。看到你的这种做法，我感到很不安。"（或者说出你不赞成的任何行为。）然后，谈谈你对于健康关系的想法和价值观。

如果你认为青少年受到了任何虐待，请采取行动。约会暴力是真实存在的。几乎半数的女孩和男孩说，他们被约会对象打过、扇过耳光、动过拳头或性胁迫过。不仅女孩可能成为约会暴力的受害者。有个17岁男孩的父亲告诉我，他看到他儿子的女朋友打他。生气的时候，她会踢他，扯他的头发，或不断地打他耳光。（如果你目前观察到了此类行为，你可能需要跳到关于约会强奸和暴力的特别话题部分。）

要鼓励你的孩子与其他朋友共同参与一些其他活动。不论任何年龄，为某段恋情而放弃所有其他事情都是不明智的。在任何年龄段，恋爱都是美妙的，但如果因为与某个人的爱情而将所有其他人拒之门外，无论这种爱情有多么美妙，几乎总是错误的。要确保热恋中的孩子继续和朋友们见面，继续学习，继续参加教会或圣殿的青年团契，继续培养他们的爱好，并继续融入家庭生活。

现实是，大多数青少年的恋爱关系将会无果而终。要确保你的孩子在恋爱中不会放弃生命中的其他事物，这样，在面临不可避免的分手时，他就更容易捱过难关。

必须认真对待孩子的爱情，但同样重要的是，也要认真对待他们的伤心。去年，我在《奥普拉》（*Oprah*）节目中见到了不少青少年，他们在分手后试图自杀。这些数据其实非常可怕：33%—40%的青少年自杀都与恋爱失败有关。

请回忆一下你第一次感到心碎时的情形。（我假设你曾经心碎过。在《奥普拉》节目中，当我们问"在座的人中，有没有人没有心碎过？"，观众中只有一位女士举手。）我记得我16岁时的恋人与我分手时，我哭得昏天暗地。（有趣的是，对于我们分手的原因，我们保留着不同的记忆。我们最近通过互联网重新联系到了对方，当我出差时，我与他和他的妻子共进晚餐。我记得我们分手是因为我不想在性方面走得太远；而在他的记忆中，他只是迷恋某个其他女孩，并认为是时候该换女友了。）

分手以后，你的孩子可能会沮丧、沉默寡言，可能失眠或食欲不振。这是伤心分手以后的正常反应。要为他们提供额外的温柔和爱护（TLC: tender, loving care）。有时候不妨拥抱他们，或者坐下来听他们倾诉心事。特意安排他们喜欢的出游项目，或者用小礼物或特别的美味来抚慰他们的心灵。告诉他们，你自己也经历过心碎时光。鼓励他们与其他朋友交往（不要在恋爱时放弃朋友，此时他们能够帮上大忙）。说"天涯何处无芳草"或者"他/她真的不值得你这样"之类的话完全无济于事。要承认并同意，分手当真是很痛苦的事情。

大多数青少年在分手后的几周内就会开始恢复正常。但对于部分青少年来说，分手可能是临床抑郁症的开端。如果你的孩子在几周内闭门不出或开始将这段恋情抛诸脑后，那么他们可能已经在临床上表现出（不仅仅是情境性的）抑郁。临床抑郁症的迹象包括：对活动的兴趣降低、体重减轻、失眠、精力减退，觉得自己没有价值，有罪恶感，烦躁不安，持续头痛或腹痛，悲观地认为他们的人生永远不会好转，以及反复出现自杀或死亡的念头。

如果你的孩子在分手以后（或者在超过几周中）似乎是这种样子，那么，他们和你都需要外界的帮助。请联系学校指导部门或社会工作者或当地的卫生部门或心理健康机构，让他们推荐专门辅助青少年的精神科医生、心理学家或社会工作者。

如果孩子与伴侣发生过严肃的性关系，分手可能会更加难熬。

性行为应该期待什么

你可能不喜欢阅读这部分的内容，但事实上，在恋爱中的16或17岁孩子可能已经尝试过或即将发生第一次性交。美国人初次性交的平均年龄约为男孩16岁，女孩17岁。在询问青少年为何发生性行为的研究中，大多数有过性经历的青少年说，他们这样做是为了表达他们对伴侣的爱。大多数青少年表示，他们没有感到来自同伴或伴侣的性交压力。通常情况下，与男孩们相比，女孩们更有可能说自己发生性交是因为她们爱上了对方：71% 的女孩说她们爱上了上一任性伴侣，而男孩只有 45%。

根据我过去这些年与高中高年级学生打交道的经验——我读过的许多焦点小组研究成果也证实了这点——他们会区分性交和其他性行为，包括口交。性交应留给严肃的恋爱关系。一个十几岁的女孩告诉我，这在高中时风险太高，太麻烦了。但是，她预期会有其他的性行为，可能会包括口交。养育青少年孩子的成人可能很难读下去，但是在许多青少年的世界中，"约炮"或"玩一玩"（根据某个十几岁男孩的说法，范围包括从"爱抚"到"真正的口交"）被视为有趣而常见的，并且可以跟一个不会再次见面的人发生。男孩和女孩都可以发生一夜情，只要他们不经常这样做。女孩需要避免被贴上"婊子"的标签，男孩需要避免被贴上"花花公子"的标签，拥有很多性伴侣的性冒险者或在恋爱关系之外发生性交的人都是"肮脏的孩子"。是的，这与我们十几岁时的世界已经大不相同，也许我们会亲吻我们半心半意爱着的那个人，但与今天相比，在那时口交无疑是件大事。

令人惊讶的是，许多十一和十一二年级的处男处女在性关系方面已经非常老练。虽然许多处男处女几乎没有性经验，但到了高四的时候，在没有发生过阴茎—阴道性交的青少年中，有 1/3 的人给伴侣或被伴侣手淫过。10% 的人在口交以后射精，13% 的人经历过舔阴。与非裔美国人和西班牙裔青少年中的处男处女相比，白人青少年中处男处女的性经验更加丰富。

阴茎—阴道性交通常专属于爱情关系，而这些非常成熟的青少年也说，他们非常渴望没有性的爱情。一个十一年级的男孩告诉我，"手牵着手和你喜爱的女孩儿看电影是世界上最美好的事情……这比约炮时的口交要美好得多。"

对于许多年轻人来说，在正式关系中发生性行为的主要例外是在初中或高中毕业舞会上的初次性行为。除开豪华轿车、晚宴和鲜花之外，酒精和性爱在舞会之夜也往往是必不可少的。这不是最近新出现的现象。20年以前，当我在美国计划生育联合会（Planned Parenthood Federation of America）工作时，与其他时候相比，我们在6月下旬（舞会结束后六周）会看到比平时更多的女孩接受怀孕测试。许多社区都会在提供燕尾服租赁的同时，分发联系出租车的电话卡，以减少在舞会之夜酒驾的青少年数量。我总是觉得他们也应该发放避孕套。

与心上人共同参加舞会往往会有很大压力，一部分原因是对"舞会之夜的性爱"假设。我有个朋友的孩子上十年级，她在舞会前刚开始和某个高三学生约会。她问她的新男友，在舞会结束后，他们是否会"做其他人都在做的事情"。她说的是舞会结束以后的派对，而他误以为她在谈论性，并说："哎呀，希拉里，我不确定我们已经准备好了。"去年，与我同镇的一群少女决定避开这种压力，但她们还是想去参加舞会。于是她们决定结伴前往，而不是与年轻男士约会。她们结伴去购物，买了新裙子，租了能载她们6个人的豪华轿车，载自己出去吃饭，并度过了非常愉快的时光。对于男同性恋和女同性恋青少年来说，舞会时光可能特别难熬，他们可能会因为被迫接受与异性恋约会而感到压力，或者在大多数地方，你都必须非常勇敢才能与同性约会对象一起去舞会。

重要的是，你需要在春季舞会开始前与你的孩子进行交流。许多社区已经取消了舞会，但它们仍然广受欢迎。与你的孩子谈一谈你对舞会之夜的酒精、开车和性的要求。明确告知他们，他们可以在舞会结束以后去哪里,以及他们最迟可以多晚回家。(在许多社区,夜不归宿也是舞会的传统,但你真的希望16岁的孩子和她的男朋友去酒店开房吗?)如果你的孩子不参加舞会,务必也要和他们聊一下他们的感受。我知道这些谈话可能很不容易,但舞会绝对提供了一个可教时刻。

以下研究报告揭示了青少年和异性恋的行为。(我在"爸爸,我认为我是同性恋"章节中谈到了同性恋行为和青少年问题。)在高四年级,60%的高中生反馈,他们发生过性交,拥有过这种经历的男孩和女孩比例大致相等。在高三年级和高四年级期间,拥有性经历的青少年数量急剧上升:在十一年级,只有半数的青少年说他们发生过性交,但到了高四年级结束时,近2/3的人已经这样做过了。超过1/5的高四学生说,他们曾有过4个或更多性伴侣。不过,请记住,1/3的高四学生没有发生过性交。

读到这些统计数据有何感想?你有没有想过"我的女儿不会这样"或"我的儿子不会这样",或者认为"这是我意料之中的"?根据我的观察,通常来说,在涉及青少年与性关系时,父母所采取的立场逃不出以下三种。

许多父母希望他们的青少年孩子避免性行为:在一项全国调查中,95%的成年人表示青少年的性关系通常都是不对的。但是,父母对于节欲的范围存在很大的分歧:如果他们的青少年孩子亲吻和爱抚,这可以吗?触摸彼此的生殖器呢?互相手淫以达到高潮?口交呢?做除了性交以外的其他事情呢?直到什么时候:高四舞会?上大学?21岁?或者他们的新婚之夜?请花些时间想想,对你来说,高中孩子的节欲意味着什么。

其他父母会采取我所说的"不问、不说"的态度。这些父母非常清楚，他们的青少年孩子正在尝试某些类型的性行为，只是他们不想知道而已。他们当然不希望这种行为发生在家里。正如某个16岁男孩的妈妈告诉我的："我很确定他们在做爱。我知道他们用了避孕套。但是，当我在楼下做饭时，我不希望他们在他的卧室里这样做！"还有个正在约会的单身家长对我说："我们仿佛达成了协议。我不过问她的性生活，她也不过问我的性生活。"

有些父母似乎乐于不知道孩子的性行为。我来给你举个例子。几周前，我在某家高档疗养胜地举办了多场工作坊。房间里挤满了成年人，大多在30—60岁之间，当时，我正在主持一个非常露骨关于丰富成人性爱的工作坊。工作坊结束时，有两位女士来找我并告诉我，她们带着17岁的女儿来到了工作坊现场，并很高兴带着她们前来。（房间里非常拥挤，女儿们显然坐在地板上，所以我没有注意到这些青少年。）我告诉妈妈们，我希望她们不要介意这个工作坊的坦率露骨，因为它与我为高四学生举办的工作坊是迥然不同的。

等到几乎所有人都离开房间后，这两个非常漂亮的青少年向我走过来。她们害羞地问道："我们可以问你一个问题吗？""当然。"我笑了。"你能告诉我们，怎样口交才能让男生感到更快乐呢？"红头发的女孩问道。然后我和她们聊了片刻，并提醒她们，我此前曾经说过，口交有可能会传播性病（她们都不知道这回事），而且，她们不应该让口腔里留下精液。"但是，"深褐色头发的女孩回答，"如果男朋友告诉你必须这么做，你会怎么办？"我很清楚，她正面临着这种情况。"如果他没有射精，怎么办？他告诉我他出现了'蓝蛋'。"讨论继续在进行，我向她保证，勃起会自行消失，他可以放心回家，如果他感到难受，可以在约会结束以后手淫解决。

第二天,我看到了其中某个女孩的母亲。她再次感谢我举办了工作坊,并且非常高兴自己带着女儿前来。然后她对我说:"她太单纯了,我觉得她甚至还没有接过吻。"我心想,"哦,她已经……"但我只是鼓励她利用这个机会与女儿开诚布公地交流。

还有些父母要开放得多,他们接受青少年孩子的性接触和尝试。有个妈妈告诉我:"我15岁开始做爱,并且很享受。我怎么能告诉我的儿子和女儿,这个想法不对呢?"还有人告诉我,她希望十几岁儿子最初的性经历是积极的:"也就是说,我乐于接受适合他们的事情。"她还记得,她其中一个儿子高三的时候曾经对她说:"你知道,妈妈,我们很小心……我非常开心。"她回答说:"谢谢你和我分享……我真为你高兴。"

关键在于,你需要想明白自己在这个过程中的角色,然后与孩子交谈。如果你的孩子在认真地谈恋爱,我建议你坐下来,与孩子推心置腹地交流性话题。我很少建议家长与孩子私下一对一地刻意谈论性话题,但在这种情况下,你或许可以这样做。是的,谈论性行为,不是性欲,而是具体的性行为、决定、快乐和保护措施。我不太知道如何让你们在进行这种交流时能够轻松一些。当你要求进行这类谈话的时候,孩子可能会说:"哦,妈妈/爸爸,我们必须这样做吗?我们已经谈过所有这些话题了。"

但是,这个时机非常关键,可以用来强化你对青少年性交和节欲的看法,并且确保,如果你的孩子正在性交或即将打算这样做的话,他们会采取避孕措施和使用避孕套。也不妨利用这个时机来谈谈健康的性关系的特点,以及你的孩子是如何做出性决定的。你也可以趁机和孩子谈论性的快乐以及尊重他或她的伴侣的重要性。

你需要想明白自己在这个过程中的角色,然后与孩子交谈。

谈论性行为,不是性欲,而是具体的性行为、决定、快乐和保护措施。

这个时机非常关键,可以用来强化你对青少年性交和节欲的看法。

也许你可以用这本书来当开场白:"我在某本书中读到,很多像你和克里斯这样谈恋爱的青少年都开始发生性交了。我想提醒你,我/我们认为,你现在年龄太小,还无法承担性交带来的责任。"(或"我们希望你在结婚以后再性交",或者你对于婚前性行为的任何看法。)我想再次提醒你,即便向恋爱中的青少年强调节欲的信息,也会产生可喜的结果:如果家长明确告诉青少年禁止发生性交,与没有和父母进行过这类讨论的青少年相比,他们更有可能避免性交。

但是我要告诉你,在如今这个世界上,如果孩子确实在发生性交,无论你是否赞成他们的决定,都需要让他们知道,你希望他们使用避孕药和避孕套,这是至关重要的。正如我将在下面更深入讨论的,在拥有活跃性生活的年轻人当中,意外怀孕和染上性病是司空见惯的事情。在发生过性行为的青少年女孩中,40%的人都会怀孕,在拥有活跃性生活的青少年中,25%的人会染上性病。

避孕与性病预防

幸运的是,在过去10年中,采取避孕措施的年轻人数量在急剧增加。超过3/4的青少年现在初次性交时都会采取避孕措施,相比之下,10年前,只有不到半数的人会这样做。大多数人在最近的性交中都采取了一些措施。事实上,如今的青少年比30年前更有可能使用避孕方法。

大多数高三和高四学生在性生活中都会使用避孕套保护自己:近70%的人在初次性交时使用避孕套。但问题仍然在于,有1/3的青少年在性生活中只是偶尔采取避孕措施,有些人根本不使用任何东西。

我想提醒读者的是：如果在不避孕的情况下经历1年的性生活，90%的女性都会怀孕。

你也许可以在这类事情上帮助孩子。许多青少年不采取避孕措施，是因为他们害怕父母会发现。在我过去15年的谈话中，我曾让全国各地的青少年、父母以及健康和教育专业人员补充完整这句话："携带避孕套的少女是个_____。"答案（你其实也可能有这种想法）是"荡妇"。不是聪明的女孩，不是做好准备的女孩，不是会照顾自己的女孩，而是荡妇。令人惊奇的是，尽管存在这种文化上的责难，很多青少年仍然会携带和使用避孕套。

可以告诉孩子，你希望他们不会发生性行为，但如果他们真的有了性行为，你希望他们保护自己不会怀孕和染上性病。你可以说："我们真心认为，你这个年龄的青少年不应该进行性交。我们知道你恋爱了，而且你可能正在尝试性行为。我们希望你的行为不会给你或你的伴侣带来任何风险。我们希望，如果决定要性交，你要确保一直使用避孕药和避孕套。我不知道你是否考虑过避孕药，以及如何获得避孕套和避孕措施。"

请注意，我说过"避孕套和避孕措施。"与我们年轻时不同的是，现在进行性交的年轻人会保护自己不致怀孕和染上性病。要避免大多数性病，目前只有避孕套这种安全措施。避孕套在预防性病时不是100%有效，但如果要发生性交，使用避孕套比不使用避孕套要安全一万倍。这一点值得重复：使用避孕套比不使用避孕套安全一万倍。避孕套大大降低了艾滋病病毒传播的风险：针对异性恋伴侣的研究发现，如果一人为艾滋病毒阳性，其伴侣为艾滋病毒阴性，一直使用避孕套进行性交和肛交的艾滋病病毒阴性者没有患上艾滋病。

确实，避孕套不能预防未被覆盖住的身体部位（例如大腿、阴囊和外阴）的疾病，如阴虱、疥疮、疱疹和HPV等疾病。重要的是，你的孩子在性交之前，无论是否戴套，也要学会查看伴侣的生殖器区域。而且他们每年至少要接受一次体检，包括性病检查。

与预防性病相比，避孕套对于怀孕的预防效果较差。在实验室的理想条件下，避孕套能阻止98%精子通过。但现实生活很少有类似实验室的理想条件。在实际生活中，在使用的第一年中，避孕套的避孕有效率大约为88%。在新手之中因破损和滑脱而导致避孕失败的概率要高得多。

下面列出了避孕套的基本使用说明，我改写了《避孕技术》（*Contraceptive Technology*）中的建议，拥有活跃性生活的青少年（其实是一个成年人！）需要了解：

◎ 从开始到结束，每次性交都使用新的避孕套。

◎ 仅使用乳胶或聚氨酯避孕套。使用动物皮制造的避孕套根本不能预防性病。

◎ 将避孕套存放在阴凉处，避免阳光直射，不要放在钱包或杂物箱内。不要使用破损、变色、易碎或黏稠的避孕套。

◎ 检查包装上的失效日期以确保其未失效。

◎ 小心打开避孕套包装；牙齿和指甲都可能会撕裂避孕套。如果避孕套撕裂或裂开，请取出其他避孕套或推迟性交。最好在手头准备好几个避孕套。

◎ 阴茎勃起以后，在接触性伴侣的任何身体部位之前戴上避孕套。如果阴茎没有割过包皮，则在戴上避孕套之前将包皮拉回。

◎ 将避孕套稍稍展开，以确保避孕套朝着正确的方向展开，卷环应在外面。务必要采取正确的方式戴上避孕套。如果避孕套不能轻松地套在阴茎上，那么可能是戴反了。扔掉它然后重新开始。

◎ 如果你需要额外的润滑，请使用含有杀精剂或水溶性润滑剂（如宇宙之爱）的避孕套。其他润滑剂，如凡士林、食用油、婴儿油或洗手液，会削弱避孕套的效果。

◎ 戴上安全套的方法是，捏住前端的储精囊，从阴茎的龟头向下将避孕套套到阴茎的根部为止。如果避孕套没有储精囊，请在龟头部位留出一些空间，以便在射精后收集精液。

◎ 射精后不久，在阴茎仍处在勃起状态尚未变得疲软之前，将避孕套取下，此时应握住阴茎根部的避孕套，以防止滑脱和漏出精液。

◎ 将用过的避孕套包裹在纸巾中，然后将其丢弃在废纸篓中。不要把避孕套丢进马桶中，或者把它们扔在地上。

很多家长都问我："我应该给有活跃性生活的孩子买避孕套吗？"有些家长会对这个想法感到震惊。其他家长则非常担心性病，所以他们克服了这种不适感。有个十几岁的男孩告诉我，他的父母给他买了一堆避孕套作为圣诞礼物，并附上了纸条，上面写着"以防万一"。他认为这很酷。我认识的某个妈妈买了一大盒避孕套，然后放在了壁橱里，以此来解决这个问题。她告诉儿子们，她把避孕套放在那里以供他们使用，或者让他们送给自己的朋友，她不会过问他们在何处或是如何使用的。

有个朋友在去年五月份打电话给我，问我们是否可以见面聊聊。

她的儿子罗伯托计划在 6 月底离家，去某个偏远的夏令营担任辅导员。到目前为止，他还没有女朋友，也没有表现出对约会的兴趣。但他已经 16 岁了，她和丈夫无法达成共识，不知道在送他去夏令营之前是否应该和他谈谈，并送一盒避孕套给他。许多高三和高四学生的父母都会送孩子参加青少年冒险旅行、乐队旅行或者到欧洲旅游几周，我与他们都进行过类似的谈话。

这是怎么回事呢？那些不愿为参加青少年舞会的孩子提供避孕套的家长可能会担心，当他们的青少年孩子离开家并处于半独立状态的时候，他们可能会初次坠入爱河并体验性生活。他们的担忧可能不无道理：毕竟，在高三与毕业之间的那些日子，许多年轻人将初次体验到浪漫关系，包括性交。

但正如我的朋友对我说的那样"我不希望他认为我们期待他发生性行为。"其他父母想要知道，与他们的儿子或女儿谈论避孕套或者干脆给他们提供避孕套，是否真的会鼓励他们的孩子尝试性交。

我首先鼓励我的朋友与丈夫聊一聊，在他们的家庭观里是怎样看待青少年性交的。如果觉得儿子可能开始有性交了，他们会感到安心吗？他们是否认为自己的儿子在感情上已经非常成熟，足以面对包括性交在内的浪漫关系？如果他们的儿子决定发生性行为，他是否可以轻易地获得避孕套？

我鼓励她找个安静的时间，以便他们三个人讨论儿子即将到来的暑假。对父母来说，重要的是分享他们对于婚前性行为的看法。与儿子谈论成熟的两性关系有什么特征也是非常重要的。

并且，如果他们认为自己的儿子可能会在今年夏天发生性行为，那么，最好和他谈一谈避孕套话题。研究发现，如果父母在孩子初次性交前和他们谈论过使用避孕套的话题，那么青少年就更有可能在初次性交的时候这样做。事实上，在整个青少年时期，如果青少年的家长与他们谈论过性交，他们比其他同龄人更有可能使用避孕套。

可以告诉孩子，你希望他们不要发生性交，但如果他们真的发生了，你希望他们能够保护自己不要怀孕和染上性病。你可以这样说："我们真的认为，这个年龄段的青少年不应该进行性交。我们知道，当你离家之后，你可能会谈恋爱，并且想要尝试性行为。我们希望你选择的行为不会给你和你的伴侣带来任何风险。我们希望，如果决定性交，你要确保你和你的伴侣都已经准备好去面对成熟的性关系。也就是说，确保你自己至少使用避孕套来预防性病和怀孕。我们不知道你是否愿意带些避孕套去营地，以防这种情况发生。"

在他们的儿子去露营之前，他们也可以问问他是否需要他们帮忙买避孕套。通常来说，我认为，可以发生性行为的青少年已经足够成熟，可以自己买避孕套。但是，第一次去药店买避孕套往往是非常令人紧张的事情，不妨问问他们是否需要帮助，这可能会有好处。

曾经有个成年男性朋友告诉我，以前在就读高四时，当他在夏令营的营地中打开行李箱时，几包避孕套掉在了地上。显然，他的家长在他打好包以后把避孕套偷偷地塞进了他的行李箱。当其他辅导员看到它们时，他感到羞愧难当！他也记得，他整个夏天都在让他的父亲失望。我当然不建议未经他们允许或在他们毫不知情的情况下，就给你的儿子或女儿提供避孕套！

其他避孕方法

由于避孕套的避孕效果较差,因此,与异性发生性交的青少年女性也必须采取更有效的避孕方法,以确保她们不会怀孕。对于青少年来说,最有效的方法是激素避孕药(避孕药、避孕贴和阴道环)、长效醋酸甲羟孕酮(每 3 个月注射 1 次,有效率为 99.7%)和避孕埋植剂。

针对拥有活跃性生活的 15—19 岁青少年,以下数据统计了他们在最近一次性交时采取的避孕措施:

◎ 23% 使用了避孕药

◎ 28% 使用了避孕套

◎ 8% 使用了长效醋酸甲羟孕酮或避孕埋植剂

◎ 4% 进行体外射精

◎ 6% 采取了其他方法。

所有这些方法——除了体外射精和避孕套之外——都需要开具处方或看医生,或去一趟计划生育诊所。如果你的女儿或儿子在发生性行为,你需要考虑要给予他们多大的帮助,以便他们获得避孕药或避孕套。有些家长认为,如果他们的孩子已经到了可以发生性交的年龄,那么他们也到了能够获取避孕用品并支付其费用的年龄。其他一部分父母想要确信他们的孩子正在使用某种避孕措施,并且可能想帮他们选择最合适的避孕方法。你需要考虑如何处理这个问题,并与你的孩子讨论他们要如何避孕以及他们如何获得避孕用品。

父母还需要与十几岁的儿子和女儿谈论体外射精和紧急避孕的问

题。在拥有性生活的青少年中，大约4%的人会采取体外射精。如今，你可能听过这个笑话，"你怎么称呼那些体外射精的人？"答案是"父母"。但体外射精实际上是非常有效的避孕方法。如果使用恰当，体外射精的避孕有效率约为96%。对于青少年来说，它的好处在于它是免费的，长期可用并且相对容易进行。我希望所有拥有活跃性生活的青少年都知道，就像艾滋病预防海报所说"不戴套就不做爱"。但是，我也希望他们知道，如果他要进行性交，无论戴套与否，他们至少必须要做到体外射精。青少年的主要缺点是，为了有效做到体外射精，男孩必须意识到他即将射精，然后将阴茎完全从阴道中抽出，并在射精时远离外阴。很多十几岁的男孩完全没有这种控制能力。当然，体外射精无法预防性病。

青少年也需要知道紧急避孕措施。在现实生活中，避孕套会破裂，青少年会忘记服用避孕药，男性射精时距离外阴太近，已经保证节欲的情侣还是会发生性交。紧急避孕措施包括，在发生无保护的性行为之后，在72小时以内服用2片避孕药。它的避孕有效率只有74%，因此绝不应该把它当作主要的避孕方法，当然，它也不能预防性病。但是，如果可能会怀孕，这种做法肯定值得尝试。可以拨打免费电话号码（1-888-NOT2-LATE）寻找附近的医生、药店和诊所，他们可以开紧急避孕药。

我知道，即使是最开明的父母，往往也觉得谈论避孕和避孕套很困难。这意味着承认你的儿子或女儿已经在亲密关系中发生了性行为。这可能意味着，你要把等到他们结婚（或者至少等到他们高中毕业）以后才发生初次性交的希望放到一边。但与他们谈论这些问题也在向他们表明，你关心他们的健康和未来，并且确保他们不会面临意外怀孕或染上性病。

在孩子的房间发现避孕套或避孕药

有些父母从未与青少年孩子谈论过避孕问题。某天，他们在青少年孩子的卧室、钱包或裤袋里找到了避孕套或避孕药。当然，可能有人要问，为什么父母会孩子的卧室抽屉里、钱包里或口袋里……但不管如何，这种事情发生了。根据我的经验，有些青少年似乎恰恰是把避孕药或避孕套放在父母能够找到的地方。好吧，妈妈和爸爸，如果发生这种情况，首先要做的就是深呼吸，尽量保持冷静。提醒自己，儿子或女儿的行为很负责，他们采取了保护措施，以免怀孕或染上性病。

现实情况是，大多数父母都会因此感到非常震惊。有个妈妈告诉我："我不知道她有发生性行为……而我还没准备好面对这些证据。"有个爸爸说："我恨他没有事先找我谈谈。"有个家长告诉我："我最初的想法就是想杀死她……还有她的男朋友。"

直接拿着你发现的证据来与孩子对质不太可能会产生积极的结果。孩子可能会告诉你："我是替朋友保管这些东西的。"或者"什么都没有发生；我用它来清理我的皮肤。"或者"妈妈，他们在健康课上给了我这些东西，我没有用它们。"

罗伯特·哈斯（Robert Haas）是制作牛仔裤的李维斯公司的前任总裁，我曾经听他讲过在这种情况下发生的最有趣的故事。他收到某个怒气冲冲的父亲写来的信，信中写道："昨天我洗衣服时，我在儿子的 504 牛仔裤里找到了避孕套。当我问他这件事的时候，他告诉我，李维斯公司现在在每条新牛仔裤的裤兜里都放了一个避孕套。我要求你立即停止这种不道德的行为！"

当然，李维斯公司并没有将避孕套装入新裤子中出售。（尽管该公司是最积极参与抗击艾滋病的公司之一。）哈斯说，他想给这个男人写封回信，然后指出这个显然的事实：这个男人的儿子正在发生性行为，他应该为儿子的负责行为而奖励他。至少，他应该跟他交流！但实际上，我记得，他让客服人员给这个父亲回信，告诉他，这个避孕套其实不是公司的推销产品。

那么，你会怎么做呢？有些家长愿意采用直截了当的方法。你无疑获得了一个可教时刻："亲爱的，我今天收拾你的衣服时，发现了避孕药／避孕套。我认为我们现在得谈谈这件事。"然后你俩可以分享你们各自对青少年进行这类成熟的性行为的感受和看法，也要支持他们对自己的行为负责。

对于某些父母来说，这可能很难。你反对婚前性行为，甚至一想到你的孩子不仅限于接吻，你就觉得很可恨。也许你的孩子甚至没有谈恋爱，但你惊讶地发现，他们可能就属于那些发生一夜情的青少年。

我理解所有这些感受。但请记住，你处理的事情关系到他们的健康和未来。如果你的孩子正在进行任何形式的性交，即使你非常讨厌这种想法，但他们保护自己免于怀孕和／或感染性病不是更好吗？如果他们不保护自己，结果会怎么样？如果拥有活跃的性生活而不采取避孕措施，90%的青少年女性都会在1年以内怀孕。

"妈妈,我觉得我已经怀孕了"

你的青少年孩子来找你,脸色苍白,身体颤抖。"妈妈,爸爸,我不知道怎么开口谈这件事,我觉得我已经怀孕了。"或者"妈妈,爸爸,我觉得我的女朋友怀孕了。"6% 的高中生说他们已经怀孕或让别人怀孕了。

每年,接近 90 万的少女会怀孕。换句话说,在美国,每年每 8 名少女中就有 1 人怀孕。几乎所有这些少女都是意外怀孕的。大约半数的少女最终会分娩,1/3 的少女会堕胎,1/6 的少女会流产。

不管你在新闻中看到了什么,青少年的怀孕率和生育率都在下降。从 1991 年到 2003 年,15—19 岁的青少年的生育率在逐年下降。最新数据显示,青少年的生育率达到了 65 年以来的最低点。事实上,你可能会惊讶地发现,美国青少年生育率最高的时候是 1957 年,那时我们之中的很多人都已经出生了!不同的是,我们的青少年妈妈可能已经结婚了;1960 年,只有 15% 的青少年未婚生育,而今天这个比例超过了 3/4。少女怀孕率从 1991 年每千人中有 62 人的峰值,下降到今天每 1000 名少女中有 40 人。

但是,如果你的青少年坐在那里说"我觉得我已经怀孕了",那么,所有这些都不重要。我没有办法让你为那个时刻做好思想准备。一分钟前,你甚至可能都不知道你的孩子已经有了性生活。现在,你知道他们发生了,并且他们怀孕或让别人怀孕了。你可能会感到震惊、失望和悲伤,你想要尖叫"怎么可能发生这种事情?"你的心中千头万绪,感到孩子的未来黯然失色。你担心邻居会怎么想,教会会怎么想,你的母亲会怎么想。你会想要花点时间思考并理清自己的感受,但现在，你需要关注你的孩子。

做个深呼吸，并尽量保持冷静。首先你需要倾听。你可以试着说："告诉我你为什么觉得自己可能怀孕了。""告诉我发生了什么。""告诉我你现在的感受。""告诉我你想怎么办。"诸如此类的话。

你的女儿（或你儿子的女朋友）可能没有来例假，可能不确定她是否已经怀孕，主动帮助她确认她是否已怀孕。几乎所有药店都提供非处方家用验孕棒，并且验孕棒检测到阳性的准确率约为85%。家用验孕棒最常见的问题是阴性结果，因为可能会在怀孕期间过早地进行怀孕检测。诊所和医生提供的平价妊娠检测，可以在受精一周后或经期迟来一周时提供准确的结果。如果家用验孕棒检测为阴性，但你的女儿有早期妊娠迹象，如乳房触痛、恶心和尿频，请让她到诊所接受检查。

你的女儿在面对意外怀孕时，基本上有三种选择。她可以继续妊娠期并抚养孩子（单独或与伴侣共同抚养）；她可以继续妊娠期，之后将宝宝交给他人收养；还有她可以堕胎。

请注意，我说的是你的女儿有三种选择。无论你多么希望参与其中，无论你多想帮她做决定，最终的决定权都在她手里。在你的州，你可能有权同意她堕胎，但对于她是继续妊娠直到生下孩子，还是把婴儿交给他人收养，她不必得到你的认可。

如果是你的儿子让女朋友怀孕了，他可能特别想要参与决定，可能会对这个决定有强烈的想法，但最终，这应该完全是那个女孩自己的决定。她的决定会影响你和你儿子的生活。（如果她选择生下孩子，在美国的任何一个州，他都需要承担一些经济责任。）有趣的是，男孩和父母的地位是相反的：他没有合法权利阻止她流产，但他可以阻止

如果发生这种情况,首先要做的就是深呼吸,尽量保持冷静。

提醒自己,你儿子或女儿的行为很负责,

他们采取了保护措施,以免怀孕或染上性病。

她将孩子送给他人收养。

但这并不是说,你身为父母却没有发挥重要作用的空间。你的青少年现在需要你,他需要你帮助他了解有哪些可选的决定,以及这个决定所带来的后果。如果可能的话,无论你现在有多生他的气,都要尽量让儿子参与讨论这些决定。提醒自己,他在女朋友怀孕以后并没有丢下她不管!理想情况下,双方的父母都应参与这些对话。

没有必要在仓促之间做出决定,但需要尽快做出决定。在怀孕的前12周堕胎是最安全的。药物流产(通过药物而不是手术)需要在怀孕的前7周完成。如果你的孩子有继续妊娠的可能,那么她需要尽快开始产前护理,照顾好自己和胎儿。

当地社区资源也可以帮助你的女儿做出决定。大多数"美国计划生育联合会"诊所和其他节育诊所都会提供孕期咨询服务。心理健康专业人员或神职人员也可能会有所帮助。我建议你在做出决定时不要去标有"怀孕危机中心"的地方。根据《避孕技术》的作者的说法,"这些机构没有提供妥善的无偏见环境,而(女性)在做出关于个人孕期的决定时,有权享有这样的环境。"

我改写了美国计划生育联合会提供的一些常见问题,以供你和你的青少年孩子参考:

◎ 我能够接受哪些选择——生下婴儿、交给他人领养或堕胎?
◎ 对我来说,哪些选择是不可能的?
◎ 这些选择将如何影响我的生活?胎儿父亲的生活?我父母的生活?
◎ 我对未来的计划和希望是怎样的?宝宝会如何影响这些计划?
◎ 关于这些选择,我的宗教和价值观告诉了我什么?

◎ 从长远来看，哪个决定是最适合我的？
◎ 我现在可以为宝宝提供温暖而稳定的家庭吗？

超过半数的怀孕少女会选择生下孩子。少女生育的后果是终身性的，十几岁时生育孩子，对青少年本人和宝宝都有风险。研究非常明确地表明，养育孩子的青少年家庭收入较低，更有可能陷入贫困，更有可能领取福利，结婚的可能性也低于那些20多岁才初次生育的女性，即便与家庭经济背景相似的青少年相比也是如此。未成年妈妈的孩子更可能在学校表现不佳，而且往往自己也会成为未成年父母。

18岁以下女孩所生的婴儿更有可能早熟，更有可能早产。如果母亲18岁或19岁，则婴儿面临的风险会低一些，但仍会高于20岁出头的女性。然而，幸运的是，如果她接受了良好的产前护理，青少年就可以有一个健康的怀孕期。问题在于，许多青少年女孩在怀孕以后并没有尽早接受产前护理，因为她们没有意识到自己已经怀孕，或者试图隐瞒怀孕。

但数据也很清楚地表明：如果青少年获得足够的支持，他们可以健康度过孕期并成为合格的父母。良好的产前和分娩护理对妈妈和宝宝的健康至关重要。确保女儿未来的最重要方法，就是让她留在学校并完成高中学业。第九条要求学校为怀孕的青少年提供教育。请联系当地学校董事会，咨询一下你的孩子可以获得哪些服务，学校必须设法帮助她继续完成学业。你的孩子还需要仔细考虑他们的各种选择，包括：托儿服务、财务问题、医疗保健、育儿课程和情感支持。

打算生下孩子并抚养他们的青少年（无论是单独还是双方一起抚养）可以考虑以下这些问题：

◎ 我们是否准备好暂停上学和大学学业,或者是否有现实的方式来继续我们的学业?

◎ 家人会支持并帮助我们照顾孩子吗?

◎ 在我上学或上班或生病的时候,有人可以照顾孩子吗?

◎ 我们有钱抚养孩子吗?

◎ 我愿意优先照顾孩子的需求而不是我自己的需求吗?

◎ 我们是否愿意放弃与朋友的娱乐、约会、舞会,以及其他青少年活动?

◎ 我们是否是被迫要留下这个孩子?

◎ 我们的情感成熟到足以照顾婴儿吗?

◎ 我们是否认识到,我们的余生都对孩子负有责任?

◎ 我的伴侣在抚养孩子过程中会扮演什么角色?我到底能够依靠什么?

◎ 我们应该考虑结婚吗?如果我没有怀孕,我们会结婚吗?如果我们之间无法解决好各种问题,我愿意成为单亲家长吗?

◎ 我愿意在余生中做个父亲/母亲吗?

与30年前不同,大多数青少年在发现自己怀孕后并不会结婚。今天,大多数做父母的青少年,他们的孩子都是非婚生子。(我故意使用"非婚生子",我讨厌"私生子"这个字眼。在我的思维方式中,任何婴儿的出生都是合法的,应该拥有尊严,获得尊重。)40年前,青少年所生的孩子中,只有1/6是非婚生子女。如今,接近3/4都是。如果你的孩子想要结婚,你得知道,大多数因怀孕而结婚的青少年都会以离婚告终。大多数青少年还没有准备好承担父母和婚姻的责任。当然，你需要与孩子讨论你对于婚姻和父母义务的家庭价值观。试着帮助他们评估，他们的爱情关系是否稳固和可靠到适合在这个时候考虑结婚。

有些青少年在考虑过后，决定生下孩子并将其交给他人收养。这种做法不太普遍，大多数青少年不会让别人来领养孩子。虽然没有关于收养的国家数据，但估计只有不到 2% 的孕妇会把婴儿交给他人收养。我改写了美国计划生育联合会提供的以下问题，以供你的青少年孩子在考虑领养方案时进行参考：

◎ 你能否接受孩子由其他人抚养成人的想法？
◎ 你会致力于获得良好的产前护理吗？
◎ 你选择领养是因为堕胎让你感到害怕吗？
◎ 胎儿的父亲是否支持领养这种做法？
◎ 是否有人迫使你选择领养？
◎ 你尊重那些把孩子送给他人养育的女性吗？
◎ 你觉得你有可能在分娩后改变主意吗？
◎ 如果得知宝宝在充满关爱的良好家庭中长大，你觉得你会感到开心吗？

可以考虑两种类型的领养方式：封闭式领养和开放式领养。在封闭式领养中，养父母和亲生母亲之间互相不知道对方的名字，你的青少年孩子永远不会知道这个被领养的孩子将来的身份，或者养父母的身份。在开放式领养中，你的孩子（我希望你能提供帮助）可以为她的孩子选择养父母。他们可以选择去互相了解对方；养父母可以在孕期和分娩时提供帮助。他们也可以选择建立持续的关系。

收养通常有三种方式。大多数收养都要借助于持证的收养机构，这些机构经政府批准，可以为婴儿选择父母，处理收养相关的法律程序，并帮助青少年处理生育和财务问题。通常来说，收养机构大多采取的是封闭式收养。可以拨打全国收养委员会热线，他们会给你和青少年推荐你们当地的持证收养机构，电话是：(202) 328-8072；网址是 www.ncfa-usa.org。独立收养通常由医生或律师安排，他们知道一些想要领养的夫妇。但是所有州的独立收养都不合法，如果你走这条路，请确保让你女儿的律师作为她的代表，以确保她受到保护。这些收养通常是开放式收养，并且养父母大多会支付怀孕青少年的医疗费用。有关独立收养的信息和推荐，可以致电独立收养中心，热线电话是 1-800-877-OPEN，网站是 www.adoptionhelp.org。在某些情况下，家族中的其他亲属也可以领养青少年的孩子，但必须由州立机构和法官批准收养。

你和你的女儿必须知道，收养是具有法律约束力的，而且是一个永久性的决定。婴儿出生以后，在探访过收养家庭以后，你的女儿需要签署"放弃协议"。她可以改变主意的机会并不多。我很惊讶地发现，在大多数州，未成年人可以在未经父母同意的情况下放弃自己的孩子。另一方面，婴儿的父亲必须参与其中。在美国的许多州，婴儿的父亲可以要求有监护权，除非他针对收养事宜也签署了弃权文件。每个州都颁布了不同的收养法律，请了解一下你所在州的法律。在女儿签署任何文件之前，请尽量先与律师或收养顾问进行沟通。

你女儿可以选择的最后一个做法就是堕胎。1996年，有超过274000名青少年女孩堕胎。尽管这个数字看似很高，但青少年的堕胎率实际上已经在逐步下降了。与低收入青少年相比，高收入和中产阶层的青少年选择堕胎的可能性要大得多。75%的高收入家庭的怀孕女孩会选择堕胎，而低收入家庭则不到一半。

青少年选择堕胎的主要原因是他们担心婴儿会在很大程度上改变他们的生活。他们觉得自己不够成熟，无法养育孩子，或者觉得自己在经济上养育不起孩子。以下是你的女儿在决定堕胎之前需要考虑的一些问题：

1. 有人迫使我堕胎吗？
2. 我的宗教信仰是否支持我堕胎？
3. 我是否尊重堕过胎的女性？
4. 我是否能够承受堕胎的经历？
5. 我的伴侣和父母对于堕胎有什么样看法？
6. 我确定我想终止这次怀孕吗？

你的女儿怀孕、生下孩子或将孩子交给他人领养都无须你的许可。但是美国半数以上的州（29个）规定，你的孩子必须得到允许才能堕胎。你也许会惊讶地发现，接近2/3的堕胎女孩至少都有一位知情的家长支持她们堕胎。

如果你的女儿正在考虑进行堕胎，那么在怀孕后的最初12周内进行堕胎是最安全的。早期流产通常会采用"真空吸引术"这种手术。手术非常安全，而且仅需5分钟左右。不到1%的早期流产者会出现并发症；事实上，生孩子所导致的死亡概率要比早期流产高出10倍。流产通常会在诊所或医生办公室进行。早期堕胎的费用一般会低于500

美元，负担不起这项医疗费用的女性可以寻求帮助。

现在美国可以进行药物流产。在药物流产中，女性会服用药物来终止妊娠。你可能听说过米非司酮，简称 RU 486。当地的计划生育联合会可以告诉你，你所在的地方是否可以进行药物流产。

你的女儿可以在许多计划生育联合会诊所、节育诊所、妇女保健诊所以及当地的健康或社会服务机构获得堕胎帮助。如需获得提供堕胎服务的节育诊所名单，请致电 1-800-230-PLAN。如需获得持证堕胎诊所的名单，请拨打全国堕胎联合会热线 1-800-772-9100。

在某些情况下，可能直到女儿怀孕 3 个月以后，你才会发现她已经怀孕了。有些女孩会隐瞒怀孕。我的某个同事直到 5 个月以后，才注意到每天穿着宽松衬衫的过于肥胖的女儿已经怀孕了。有些女孩会否认怀孕，还有一些不敢说她们怀孕了。务必要告诉你的女儿，即便她只是有丁点儿怀疑自己怀孕了，你也希望她会立刻来找你。如果你确实发现女儿正处于孕期的中期或后期，请立即为她寻求医疗帮助。在妊娠的中后期，堕胎的可选方式非常有限，而且费用昂贵，风险很大。全国堕胎联合会热线可以提供帮助。如果她决定继续妊娠，那就需要尽快进行产前检查，请联系当地的妇产科或卫生部门诊。

"爸爸，我觉得我是同性恋"

如果怀孕的可能性让许多父母感到恐惧，那么，如果十几岁的孩子宣称他或她是同性恋或双性恋，可能也会引发类似的情绪：惊讶、失望、恐惧、内疚。有些父母会感到恐惧并拒绝接受他们的孩子。在某个焦点小组研究中，年轻人反映了这些令人寒心的拒斥事件：

"他们整整八个月都不跟我说话。"

"他们说我在他们眼里已经死了　他们取下了我的照片。"

"我父母烧掉了我所有的衣服。"

一些父母会感到惊讶,但没有拒绝孩子:

"他们花了些时间才习惯这件事情,但他们正在接受。"

"我妈妈起初哭得很多,但她现在好多了。"

尽管如此,有些家长会积极回应青少年的出柜:

"妈妈接受我以及与我相处的每个人　她总是乐于帮助我。"

"她告诉我同性恋圈子里的事情。她也会带一些女同性恋作家的书回家。"

许多父母告诉我,当孩子向他们透露自己是同性恋之时,他们首先想到的就是"不可能,她或他只是在经历某个阶段而已。"我有个同事的儿子在上大学,他有次回家之后,就向家人宣布自己是同性恋。这个同事在午饭闲聊时对我说:"他太年轻了,怎么可能知道自己的性取向呢?"

请记住,接受一个人的性取向是这个人完成性别认同发展任务的一个环节。根据美国心理学协会(American Psychological Association,以下简称APA)的说法,性取向是"在情感、浪漫关系、性方面长久地被另一个人所吸引……性取向可能是介于纯粹的同性恋和纯粹的异性恋之间的任何状态,包括各种形式的双性恋。"

许多同性恋成人说,他们很早就有与同龄人不同的感受。大约有20%的人在青春期之前或在青春期之时意识到自己是同性恋。40%的人在高中时意识到自己是同性恋,而另外40%的人则是在大学里完成自我认同的。一些研究表明,如今的年轻人会更早地出柜。最近的研究表明,自认为是同性恋者的平均年龄为14岁,大多数人在11—16岁期间会意识到他们的性吸引力所在。

等到孩子向父母出柜之时,他们可能已经有这种感受很多年了。通常来说,从感受到某个同性的性吸引力到认为自己是同性恋,有一个大约三年半的时间跨度。在一项针对青春期后期同性恋者的研究中,25%的人声称自己的初次同性性行为发生在童年时期,20%的人发生在青春期早期,33%的人是在高中,10%的人是在高中毕业以后。(剩余的人还没有任何性经历。)大多数时候,发生性行为的对象是自己的朋友,也有1/4的同性恋者是与陌生人发生了第一次性行为。

有些青少年告诉他们的父母,自己是双性恋。有些人可能确实有双性恋倾向:他们会被男人和女人吸引并且会爱上他们。但你应该知道,在确定自己同性恋身份的过程中,多达2/3的青少年会认为自己是双性恋。你的孩子可能确实是双性恋,他们可能会对自己的性取向感到困惑;或者他们可能会告诉你,他们是双性恋而不是同性恋来试探你的反应。

有些父母会感到纳闷:"我做错了什么?"过时和错误的理论常常把同性恋归咎于孩子的成长经历。你没有做错任何事情,性取向不是自主的选择,人们不会选择成为同性恋或者异性恋。关于性取向的诱因，各种理论层出不穷。APA 声称："大多数科学家现在都认为，性取向很可能是环境、认知和生理等因素相互作用的结果……最近还有相当多的证据表明，生物学（包括遗传和先天荷尔蒙）方面的因素起着重要作用。"

一些人因此草率地得出结论，他们认为可以通过治疗来"纠正"他们的同性恋孩子。治疗不能改变个人的性取向。再次借鉴 APA 的说法，"同性恋不是疾病，它不需要治疗，也不会改变。"APA 坚决反对"转换疗法"：他们认为这种疗法可能是有害的，而且他们的官方政策规定"任何接受与性取向相关的治疗的人，都有权要求这种治疗环境是中立而专业的，并且不带有任何社会偏见。"

这并不是说，在孩子出柜以后，帮助他们并没有任何用处。心理咨询和家庭咨询可能会对你和你的孩子有所帮助。事实上，如果你在处理孩子的同性恋问题时遇到困难，你可以在心理治疗中先处理一下你自己的问题。"男女同性恋者的父母、朋友和家庭"(Parents, Friends, and Families of Lesbians and Gays，简称为 PFLAG) 为那些刚刚得知孩子是同性恋的父母提供了很好的资料。详见附录，有这些资料的地址，以及帮助同性恋青年及其家庭的其他组织的名称和地址。

那么当孩子告诉你，他或她是同性恋时，你应该怎么办呢？你能做的最重要的事情就是倾听。找出他们真正想告诉你的是什么。让他们更详细地说出他们的感受以及他们对性取向的看法。有些青少年可能会对自己的性取向感到困惑而需要帮助；另外一些青少年可能会向你讲述他们很久以前就知道的事情。还有件重要的事情你可以马上做，那就是：爱你的孩子。他们仍然是你的孩子，和在告诉你真相之前没有两样。告诉他们，你爱他们，并且会支持他们。问问他们，你要如何提供帮助。寻找关注同性恋青少年的当地社区，确保你的同性恋孩子能够遇到成功、充实和健康的同性恋成人。

尽管社会对同性恋的态度越来越开放，但你需要知道，作为同性恋青少年并非易事。与异性恋同龄人相比，同性恋青少年会面临许多的问题。他们成为暴力和骚扰目标的可能性是前者的5倍，在斗殴中受伤的可能性是前者的3倍，甚至可能严重到需要接受治疗，与此同时，他们受到武装威胁和伤害的可能性几乎是前者的2倍。同性恋青少年酗酒的可能性是异性恋青少年的2倍，吸食大麻的可能性要高3倍，服用可卡因和强效纯可卡因的可能性是异性恋青少年的8倍。研究结果显示，同性恋和双性恋青少年自杀的可能性是异性恋同龄人的3—7倍。许多人说，他们为自己的同性吸引力、社交和情感上的孤立，以及自尊心不足感到沮丧，同时令他们感到失望的是，辱骂不仅会来自同龄人，也会来自家人。

但是，许多人没有这样的经历。下面是某个青少年写的：

> 我是新一代的男同性恋、女同性恋和双性恋中的一员。我们在大学、高中甚至初中就出柜了。我们聪明而自信。我们知道我们是谁，即使我们不确定，我们也知道我们的选择。我们知道我们没有生病，我们知道我们不是孤立无援的。我们不担心下地狱。

有个专业人士告诫我们，不要认为所有同性恋青少年都感到忧心忡忡：

如果我们认为所有的性少数青少年都在生活中因各种问题而不堪重负或毫无所成，这无疑是误解了现实情况，这些个体在同性恋青少年中只是少数。事实上，许多具有同性吸引力的年轻人拥有独特的技能，可以让他们与不太认可他们的文化共处，甚至在其中茁壮成长。

有个家长对我说："好吧，至少我不必担心她怀孕了。"不是这样的……大多数同性恋青少年也会和异性发生性交。超过50%的同性恋男孩与异性有过性交，超过80%的同性恋女孩与异性有过性交。研究表明，双性恋和同性恋少女同样有可能与异性发生阴茎—阴道性交，但比异性恋的同龄人更容易怀孕。事实上，双性恋和同性恋少女更有可能发生频繁的异性性交。一些年轻的女同性恋试图通过性行为来"治愈"自己，还有些人会怀孕，并以此向他们的同学证明她们不是同性恋。

针对男女同性恋青少年的暴力很常见，而且有多种形式。超过90%的性少数青少年反馈，他们有时或经常在学校听到恐同言论，其中有1/3的人听老师或其他学校工作人员这样的说过。超过40%的受访者表示他们受到过性骚扰，1/4的受访者表示他们经历过肢体骚扰，比如被推搡，13%的人受到过人身攻击。在另一项研究中，超过半数的青少年报告，他们遭受过肢体暴力，超过90%的人遭受过辱骂。因此，接近2/5的性少数青少年表示，他们在学校感到不安全，因为他们是男同性恋、女同性恋、双性恋或跨性别者。

越来越多的学校正在制定计划以减少暴力和骚扰，提高公众对同性恋学生接纳程度。自20世纪80年代以来，洛杉矶学校系统针对同性恋和双性恋青少年发起了名为"十年项目(Project Ten)"的计划。超过上千所学校都有同性恋学生俱乐部。马萨诸塞州教育委员会为该州的教育法规增加了性取向条款。它为所有教师提供恐同症培训,并建议每所高中都成立同性恋—异性恋联盟。威斯康星州、康涅狄格州和加利福尼亚州也制定了法律,以便保护同性恋、双性恋和跨性别青年。"国家青年维权联盟"(National Youth Advocacy Coalition)、同性恋和异性恋教育网络,以及PFLAG等全国组织都致力于满足青年性少数群体的需求。像马萨诸塞州的波士顿、得克萨斯州的休斯敦、密苏里州的堪萨斯城的都有许多本地社区组织,都会为同性恋、双性恋和跨性别的年轻人提供帮助。

如果你的同性恋孩子在学校受到骚扰,他们需要你的支持。你需要和孩子交流,让他们知道,如果他们受到骚扰,他们可以维权。1996年,威斯康星州的某个学区不得不向年轻的同性恋者杰米·纳博兹尼支付近100万美元,因为学校没能保护他免受性取向方面的骚扰。美国学校管理者协会(American Association of School Administrators)、美国学校健康协会(American School Health Association)和美国儿科学会(the American Academy of Pediatrics)等10个主流教育和心理健康机构编写了名为《只谈事实》的小册子,并分发给了全国的学校负责人。它所传达的信息是:"好的学校会改变给LGBT学生带来痛苦的环境,而不会试图改变学生本身。"家长有权要求学校对性骚扰采取零容忍政策,包括以性取向为由的骚扰。

如果你的孩子在学校受到骚扰,你可以向兰布达维权和教育基金会(Lambda Legal Defense and Education Fund)索取《禁止在公立学校虐待同性恋》的副本,基金会的地址是: 120 Wall Street, Suite 1500,

New York, NY, 10005, 212-809-8585。他们会建议你向学校校长举报虐待行为，而不仅仅是向辅导员或老师报告，后者可能没有义务采取行动。你必须以书面形式记录虐待行为，并尽量拿到目击证人的陈词。如果校长没有解决问题，你必须准备好去和学校负责人见面，并且要熟悉一下申诉程序。仅仅找骚扰者谈话而不采取其他措施是不可接受的。根据兰布达的说法，"召开家长会，做出拘留、停学乃至于开除的决定，可能才是更合适的做法。开除可能是一系列惩戒措施的最终步骤。如果学校调整受虐待学生的课程安排或重新为其安排座位，都是不合适的，好像问题是出在她或他而不是行为不端的学生身上。"如果你觉得需要提起诉讼，兰布达可以提供帮助。

离开高中

在即将上大学的那个暑假，或在以成人身份找到全职工作之前，这段时间对于家长来说可能都会比较棘手。你的孩子即将成为成年人了。他们似乎来去自由，整晚都进进出出。我有个朋友说："我觉得我就像是开酒店的。"我记得我的母亲也说过类似的话。

尝试与年长的青少年孩子协商新的规矩。在外出、宵禁和性行为中，哪些是可以接受的？继续与他们谈论你的价值观。允许他们拥有更多的独立空间，但请记住，他们仍然需要你的帮助，仍然渴望你的关爱。

在家里的最后几个月，许多青少年担心，当他们离开高中的男朋友或女朋友以后会发生什么事情。如果他们始终在推迟性交，有些人会认为现在是时候了。为了证明他们的爱，有些人也许更可能会承担怀孕的风险。大部分情侣会去到不同的学校，或者其中一个会离开，另一个则会待在家里。鼓励你的孩子与你讨论这些感受。告诉他们，决定没有对错之分。鼓励他们诚实地与伴侣谈论他们对忠诚的恋爱关系的期望。

Special Issue
特别话题

帮助你的青少年避免约会强奸和暴力

接近 1/10 的青少年（包括男孩和女孩）都表示，他们的男朋友或女朋友会殴打他们，扇他们的耳光或造成肢体上的故意伤害。许多青少年和女大学生都成了约会强奸的受害者。性暴力的施暴对象可能是他们几乎不认识的人，例如发生在初次约会或派对中。但同样令人惊讶的是，许多年轻人会在长久的关系中经历暴力。一项针对上千名高中生的研究反馈，超过 45% 的女生和超过 43% 的男生报告说，他们至少有 1 次受到了约会对象的暴力。几乎没有青少年向父母透露这种暴力行为。他们没有说出来，因为他们认为自己对这种行为负有责任。他们认为这种行为是正常的，或者是害怕父母不赞成这种关系。（最后这个担心可能是真的。我觉得，我会想杀死任何伤害艾丽莎的男孩。）我们需要和青少年孩子谈一谈约会暴力和约会强奸。也需要让他们知道，当遇到这两种情况时，他们可以来找我们，我们会帮他们应对。

青少年（像是一个成年人）需要明白，恋爱关系中的暴力行径是不可接受的。男孩和女孩都应该知道，他们不必在恋爱关系中忍受身体和性暴力。需要让你的孩子知道，如果约会对象殴打或推搡他们，向他们扔东西，或展现出任何暴力迹象，这并不是他们的错，而是应该去结束这段关系。需要让青少年知道，如果某个人始终在众人面前公然奚落他们，或者控制他们所有的友谊往来和空闲时间，这个人就是在施虐。如果你在青少年孩子的恋爱关系中发现任何此类行为，请以相对轻松的方式与他们交流。告诉他们你看到了什么，并询问他们对此的感受。提醒他们，他们自己是可贵的，而良好的关系是建立在尊重和关心对方的基础上的。和他们谈谈这段关系是否应该继续下去。如果存在身体暴力，不要害怕得到帮助。青少年可能会像成年人那样被跟踪，暴力可能会升级。要毫不犹豫地报警，或向当地的反家暴机构寻求帮助。

派对上的性暴力也并不少见。要让你的青少年孩子保持警惕，要注意是否有人盯着他们看，抓住或者推开他们，让他们感到不舒服。告诉他们，与其和那些让他们感到不快的人结伴，不如粗鲁地拒绝，并照顾好自己。鼓励他们与好友结伴去派对，并且答应彼此照顾。确保他们明白，如果他们之中有人要离开聚会，那么他要告诉同伴，要和什么人一起去什么地方。要帮助他们认识到，在喝酒或吸毒以后，他们不太可能做出正确的决定。

尽管没有全国统计数据，约会强奸或熟人强奸比我们想象的更为常见。在某项研究中，1/6 的女孩报告曾有约会对象强迫她们发生性行为。常青藤联盟大学之一反馈，平均每周末晚上有 16 名女性因约会强奸而接受治疗。许多青少年其实并不明白，在今天的世界里，"不"确实意味着"不"，否则他们可能会被指控并被判强奸罪。例如，在某项研究中，几乎 2/3 的学生表示，如果女孩在约会时穿着挑逗，那就不是强奸，1/4 的学生说，如果在女孩明确拒绝性交以后，男孩灌醉了约会对象，并且与之发生性关系，那就不是强奸。

直到 20 世纪 70 年代中期，人们才发明了"约会强奸"这个词。我从小就知道，这种事"只会发生"在女性身上，尤其是当女孩引导了男孩时。当我的朋友在大学里被约会强奸时，他们并没有告诉任何人，而是经常担心自己做了什么才导致了性侵。今天，十几岁的女孩可能就知道，她有合法权利起诉性侵者。

针对何为强迫性行为，男性和女性的看法存在明显的性别差异。在某项针对成人的研究中，22% 的女性表示她们曾被迫在违背自己意愿的情况下发生性行为，但只有不到 3% 的男性表示，他们曾经强迫过女性发生性行为。这一数据表明，更多的女性认为自己是被迫发生性行为的，而男性则认为她们"同意"了。沟通至关重要。少男和少女都需要学习如何更明确地表达"不"，并需要学习如何确保所有性行为都是经过双方同意的。

以下是针对青少年女性的若干建议，改编自"青少年性侵犯和骚扰预防课程"：

◎ 要坚定。如果你对另一方的行为感到有任何不适，一定要和对方沟通。

◎ 避免酒精和毒品。不要喝醉，否则你可能无法控制自己的行为或帮助需要你的朋友。

◎ 始终有办法回家。与你的父母达成协议，如果你察觉到危险，他们会来接你，而且不问任何问题。

◎ 相信你的感受。如果你感受到压力，那就是有压力。如果你感受到危险，那就可能有危险。要迅速摆脱困境。

◎ 学会对性行为说不，设置性界限。当你和对方在一起很舒服，想要发生性行为时，学习如何说"是"。

以下是美国大学健康协会（American College Health Association）提供给年轻男性的若干建议：

◎ 了解你的性欲和界限。清楚地表明它们。
◎ 接受女性的决定。"不"总是意味着"不"。
◎ 不要单纯根据女性的穿着或行为来断定这位女性想要发生性关系。
◎ 之前的性行为许可并不意味着你现在可以这样做。
◎ 避免酒精和毒品。

俄亥俄州黄泉镇的安提阿学院，制定了有趣的关于性许可的学生政策。它要求人们思考这个基本问题："你为什么要和不喜欢你这样做的人发生性行为呢？"这会让学生明白"如果你想将性意志强加于某人身上，你的行为更多是在支配这个人，而不是享受性爱和亲密关系。"这也提醒他们，只有获得明确的性行为许可以后，才能避免被指控为强奸，否则可能导致进监狱和开除。要与你的孩子讨论这类问题，这样，你们在之后都可以免去很多麻烦。

高中以后

第六章

Beyond High School

Exercise
价值观练习题

你19岁的女儿回家过春假。她在电话中告诉你,她正在认真地与某人谈恋爱,并问你是否可以带对象回家休假。你说:"当然可以。"然后她说:"我希望我们可以共用一个房间。"你说:

- ☐ a) "当然,亲爱的,在我自杀之后,你们可以住我的房间。"
- ☐ b) "绝对不行,这仍然是我们的房子,我们说了算。"
- ☐ c) "等你回家以后,我们再谈这件事。"
- ☐ d) "没问题,我们接受你的性决定。"

你20岁的儿子已经和某位女士约会了三个月。你几乎不认识他的新女友。早餐时,他宣布他将会在今年夏天结婚。你:

- ☐ a) 祝贺他!
- ☐ b) 问他是不是女朋友怀孕了。
- ☐ c) 说:"难道你不觉得这太快了吗,亲爱的?"
- ☐ d) 说:"我想详细了解你是怎么知道自己想要娶她的。"

你的女儿打电话告诉你,她打算搬出宿舍,和男朋友同居,而你还根本没见过这个人。你:

- ☐ a) 告诉她,如果她这样做,你会停止给她付学费。
- ☐ b) 要她回家,这样全家人可以一起讨论这件事。
- ☐ c) 说:"恭喜!如果你开心,我们就开心。"
- ☐ d) 当晚开车去她的学校,这样你们就可以当面讨论这件事情。

将要成年的孩子

18—21岁的孩子几乎是成年人了,现在他们进入了所谓的"青春期后期",开始承担成人的职责和义务。大多数人会进入大学,其他的则会开始全职工作并组建家庭。许多青春期后期的孩子开始具备抽象思维能力,越来越能意识到自身的局限,认识到他们的过去对未来的影响。

青春期后期的孩子身体已经发育成熟。他们已经达到了成人的身高,乳房或阴茎的大小和形状也与成人无异。他们的性取向很可能也已经固定下来:只有5%的大学生表示,他们不确定自己的性取向。他们对性别角色的定义也可能更加明确,跨性别者在这个阶段出柜的可能性越来越大。

他们的人际关系也在发生变化。他们越来越能够体谅他人,有能力进入成熟的恋爱关系。对于许多人来说,性行为越来越意味着承诺以及对未来的规划。在18—24岁的大学生中,有6%的人会结婚。

青春期后期的孩子也能够和父母建立更成熟的关系。许多家长告诉我，他们在青春期后期重新"找回了孩子"。在这个阶段，友谊的重要性稍有降低，他们会再次觉得和你在一起很舒服。

我并不是说，高中毕业以后的青少年就没有任何问题，他们仍然需要父母的帮助。青春期后期的孩子同样需要面对高中章节中讨论过的许多问题；有些问题在大学期间甚至会变得更加明显。例如：

◎ 1/3 的大学生都有酒瘾。据报告显示，有 1/2 的年轻男性以及 1/3 的年轻女性都经常会买醉。
◎ 在过去的 12 个月中，有 10% 的大学生都认真考虑过自杀。
◎ 6% 的大学女生表示，她们在大学期间曾经被迫性交。
◎ 1/4 的大学女生都被认为患有饮食失调症。

年轻人对性健康的需求非常强烈。超过 85% 的大学生发生过性交，大多数人目前都拥有性生活。尽管近乎 80% 的年轻人表示，他们或他们的伴侣在上次性交时采取了避孕措施，但是，只有不到 1/3 的大学生表示他们会经常使用避孕套。这就导致在所有年龄群中，18—24 岁的年轻人感染性病的概率最高，并且每年有超过 1/5 的 18—19 岁少女会怀孕。在 18—24 岁的美国女性中，有 1/3 的人经历过流产。（如果你跳过了前面的内容，并且可能有个女儿在上大学期间意外怀孕，那么，或许你可以阅读第五章的"妈妈，我觉得我怀孕了"一节）。

让孩子（和你自己）为上大学做好准备

美国 3600 所学院和高校共录取了超过 700 万的 18—24 岁的学生。

在这个年龄段的所有年轻人中，目前，有 1/4 是全日制或在职大学生。

大部分如何为孩子上大学做准备的书都会告诉你各种话题，比如金钱，该带什么东西，期望从大学得到什么，如何保持联系，以及学校假期等。但是，我发现没有任何一本书谈到，在孩子离家独自上大学之前，你应该和他们谈谈性问题。

下文会深入地进行介绍，因为大多数大学生都会涉性关系。对于许多年轻人来说，进入大学以后，他们才第一次在真正意义上获得了完全独立自主的机会，能够对自己所有的日常决策负责，包括性、酒精和毒品。

这个时候，家长们会情绪澎湃。说实话，我很害怕面对我们送艾丽莎上大学的那个日子。她不在身边的日子，周围将会变得异常安静，我会想念她，以及她的陪伴。我知道她已准备好了，我希望我能做好心理准备。

我的好朋友给我讲过她送女儿林德赛去上大学的情景。她和林德赛开着车去学校，而她的丈夫和儿子坐飞机来送别。把女儿送到宿舍以后，他们一家就去了机场准备飞回家。她说，在登机的时候，他们都哭得很厉害，以至于乘务员好言安慰，误以为他们是失去了某个亲人。说实话，在某种程度上就像是失去了亲人一样。

孩子离开家也可能让人觉得有点害怕和不安。你再也无法为孩子的行为制定基本原则了。你不知道他们每天甚至每周在干些什么（即便电子邮件和短信可能有很大帮助！）。当你想要给孩子打电话时，对方可能表现得像应答机似的。你知道他们将要做出一些重大决策，这些决策可能会影响他们接下来的人生。

在孩子离家上大学之前的那个暑假，你必须和他们多多交流，让他们知道你对他们的大学生活所寄予的希望和期冀。不要错过任何与孩子一起度过美好时光的机会。帮助他们收拾东西去上大学可以是一段美好的时光。有个妈妈曾经告诉我，她对女儿说："你就迁就我一下，让我把你的衣服叠好放到旅行箱里吧。我知道你一到大学宿舍，就会放弃熨衣服了。"在她去上大学的前一天，利用收拾东西的机会，她俩在女儿的卧室里待了好几个小时。

苏珊和查克曾经参加过我举办的家长工作坊，学习如何与幼儿和青少年孩子交流关于性的问题。在工作坊结束时，苏珊举手提问："我同意你说的，应该把你的价值观传达给年幼的孩子，但我的女儿就要读大学了，我们真的还应该告诉她我们希望她怎么做吗？现在不是应该让她自己从错误中学习吗？"

"问得很好。"我答道。那么现在就不应该再与孩子分享你的价值观了吗？有没有什么时候是你不想告诉孩子你的想法的？现在，你或许已经知道了，我的答案是"不是！"青春期后期的孩子仍然需要而且确实希望了解你的感受和价值观。但是，与此同时，你要相信：你把孩子抚养得很好。你要相信，自己之前18年所做的育儿工作并没有白费。

当然，我们需要给孩子机会，让他们能根据自己的年龄来做出决定。我们可以让3岁的孩子自己决定，是穿红色还是穿蓝色衬衫。这是3岁孩子的决定。6岁的孩子可以挑选自己喜爱的午餐食物，以及在放学以后是参加空手道训练班还是美术课。12岁的孩子可以自主交友并决定自己的周末活动。

青春期后期的孩子需要做出许多重要决定。他们面对着日益复杂的成人决策：是否上大学，在哪里上大学，在哪里定居，如何养活自己或支撑自己的部分开支，等等。到目前为止，希望你进入青春期后期的孩子已经知道如何做出明智的决策：确认可选方案，权衡后果，咨询他们觉得可靠的人，比较其他可选方案，预料可能的结果，做出抉择。我们需要让他们自己做决定。你最终向青春期后期的孩子传达出的信息是这样的："我相信你能够做出明智的决定，并能运用你良好的判断能力。"

但是，非常重要的是，他们仍然希望听到你的意见。你仍然是他们的父母，他们仍然会寻求你的指点、意见和价值观。只有你能够把自己的价值观传递给他们，没有其他人会像你那样关心他们的幸福。研究表明，在参加健康教育课程的大学生中，超过半数的学生表示，他们认为非常有必要和父母谈论健康问题，他们也将性、毒品、酒精和HIV/艾滋病列为最重要的讨论话题。

因此，要和他们沟通并倾听他们。向他们提问并更多地倾听他们的疑问，记住，青少年真正需要的就是充分地聆听他们。说出你对他们的期望和梦想，但要向他们承认，他们可以选择不同的人生道路。确保他们知道，人生不止有一条正确的道路。告诉他们，即便在他们长大以后，你仍然爱他们，并始终乐意帮助他们。告诉他们，你预料到他们会犯错误，如果他们遇到困难，你会帮助他们。问问他们，你需要做些什么才能帮助他们更顺利地适应大学生活。不过，依然要倾听他们。

我们可以再次谈谈我在之前的章节里提到的许多话题。提醒孩子你们对于性关系的家庭价值观。确保他们对避孕措施、避孕套和安全性行为有足够的了解。确保他们了解最常见的性传染病的先兆。查看相关信息，了解性暴力和约会强奸的预防措施。和他们探讨健康的关

我们需要让孩子自己做决定。

最终向青春期后期的孩子传达出的信息是这样的:

"我相信你能够做出明智的决定,并能运用你良好的判断能力。"

系包含哪些特征。

在你的女儿上大学之前，我认为，最好能够为她预约一次妇科医生或者避孕诊所。通常来说，无论 18 岁左右的少女是否有性生活，医生都会建议她们接受初次盆腔检查和宫颈涂片检查。在检查之中，她可以有机会和医疗专家谈谈她对于性行为的困惑，并在必要时做好避孕准备。同样，在你的儿子上大学之前，我认为，最好能够给他安排一次体检。确保医生非常了解青少年和年轻人，并且能够当场进行性病检查。顺便要说的是，如果你的孩子尚未针对乙肝（完全可预防的性传播疾病）以及 HPV（可能诱发宫颈癌）接受过疫苗接种，也可以在这个时候让他们来接种疫苗。

事实上，进入青春期后期的孩子极有可能在大学期间发生性关系，因此，这些讨论显得尤为重要。

与父母同住的青春期后期孩子

并非所有的青少年都会上大学，有些人在上大学期间也会继续和父母同住。要记住，进入青春期后期的孩子几乎是个成年人了，你需要重新调整你们之间的关系。

这些问题很少涉及性行为。你可能想问的问题是：现在已经在上班的孩子付房租吗？他们需要承担哪些家务？谁为他们洗衣做饭？晚上回家的时间限制？在家里喝酒的限制呢？

这个阶段可能会产生一些性问题。如果你 19 或 20 岁的孩子仍然住在家里，你可以和他讨论以下问题：

- ◎ 他们能够在家里接待他们的成年朋友吗？
- ◎ 你不在家的时候，他们能够招待吗？
- ◎ 他们能够在自己的卧室里娱乐吗？
- ◎ 他们仍然需要回家过夜吗？
- ◎ 如果他们回家很晚，他们需要给你打电话吗？
- ◎ 他们可以夜不归宿吗？他们需要打电话告诉你这件事情吗？
- ◎ 他们可以和情人在家里过夜吗？在自己的房间呢？
- ◎ 他们的房间完全是私人空间还是你能够进去？

需要仔细想想，你究竟想了解多少青春期后期孩子的私人生活。有些父母事事都想知道，希望孩子完全向他们坦诚自己的恋爱关系。有些人则偏向于采取"不管不问"的政策。记住，不要问那些你其实不想知道答案的问题！

在很多方面，你需要把快要成年的孩子视为"室友"，而不是受管教的孩子。如果觉得他们处理事情时不够明智，你可以以室友的身份提供建议和意见，但你不应该针对他们的行为发号施令。要维持良好的室友关系，也是亲子关系，就需要学会尊重、开诚布公地交流和商量。

孩子高中毕业以后的这种过渡可能会很难，对你们双方来说都是如此。你可能忍不住会说："只要你住在我的房子里，你就得听我的。"但要试着克制。你们的关系会因此变得更好。（如果你真的找不到作为成年人一起生活的方式，那就是时候帮助孩子制定一个独立生活的计划了。）

对性行为的期望是什么？

答案很简单，就是"性"。成长到 19 岁时，77% 的女孩和 85% 的男孩都已经有过阴茎—阴道性交的经历了。进入青春期后期以后，情侣在约会时发生性行为是司空见惯的事情。大多数青年同性恋和双性恋，如果他们之前没有与同性发生过性行为的话，那么很可能会在这个年龄发生初次同性性行为。

针对 18—21 岁的所有年轻人的性行为，目前还没有令人满意的全国性问卷调查，但 1995 年政府赞助的大学生调查研究中包含了与性行为相关的问题。我们都知道，过去 40 年里，大学里的性观念发生了很大的变化。20 世纪 60 年代末，可能我的一部分读者在上大学，在那之前，大学校园对于男女社交有严格的规定。上了年纪的读者可能还记得"一只脚站在地上"的规定：只有敞开宿舍门，并且每个人都有一只脚站在地上之时，女生才能让男生进入她的宿舍。当时宵禁很常见。男女混住的宿舍那时还根本不存在。

婴儿潮这一代推动改变了这一切。当你纠结于作为大学生的孩子刚刚拥有的自由之时，要记住，正是我们这代人当初坚持大学生应该被视为成人。现在男女混住的宿舍已经十分普遍，宵禁也不复存在。《纽约时报》最近有篇文章在提起我的母校时，谈到了"不强制穿衣服的宿舍"。

针对大学生的大多数研究报告表明，75%—90% 的大学生发生过性交。在过去 25 年中，拥有多个性伴侣或发生一夜情的学生比例大幅增加。超过 1/3 的大学生在人生中至少与 6 个伴侣发生过性交。

然而，有 1/6 的大学生还是处男处女，他们需要特殊的支持。我回想起来，在卫斯理大学的大一新生中，只有我是处女。我在30年前感受到了应该性交的巨大压力。毫无疑问，如今，大学里的处男处女们也会感受到同样甚至更多的压力。在最近关于大学处男处女的调查中，这些年轻人表示，他们为自己还是处男或处女感到既自豪又不安。这之中的大多数人表示，他们之所以未发生性交，是因为他们还没有遇到合适的人，或者是因为他们还没有谈恋爱，或者是因为恋爱关系还没有发展到上床的地步。担心怀孕、性病或艾滋病依次是第二、第三、第四大重要原因。将其归因于宗教信仰（该原因排在第7位）或者说对性不感兴趣（该原因排在第13位）的学生则要少得多。

大多数进入青春期后期的孩子都会拥有稳定的，有固定单一伴侣的恋爱关系。多份研究结果表明，50%—75%的大学生表示，他们在恋爱期间只有1个伴侣。在拥有性生活的大学生中，超过70%的人表示，在过去3个月中，他们仅与1个伴侣发生了性行为。

然而，大多数年轻人都是健康专家所说的"接力赛式的单一伴侣关系"，也就是说，他们在某段时间内只会与单个伴侣发生性行为，但会随着时间的推移不断更换性伴侣。在这些恋爱过程中，避孕措施似乎也会发生变化。最初通常都会使用避孕套，既为了避孕，也为了预防性病。等到恋爱关系稳定下来（大学生通常将稳定关系定义为大约1个月内不会另寻新欢）以后，通常就会使用避孕药来代替避孕套，因为学生们认为他们不再需要预防性病了。与稳定的恋爱关系相比，在非固定关系中，大学生使用避孕套的概率会翻倍。

大学生经常把单一伴侣关系作为他们不使用避孕套的原因。然而，在声称自己处于单一伴侣恋爱关系的大学生中，几乎有半数人在过去1年里有过多名性伴侣。事实上，研究表明，与有非固定恋爱关系的大学生相比，处在固定伴侣关系中的大学生却会有更多的性伴侣。此外，超过 1/4 的大学男生表示，他们会为了发生性关系而隐瞒性经历。需要让上大学的孩子明白，短暂的、接力赛式的单一情侣关系并不是预防性病的安全方法。

但对大多数父母来说，好消息是如今的大学生在性方面比他们的哥哥姐姐们更加保守。自 1974 年以来，一项全国性的调查问卷调查大学新生是否同意这种说法："如果两个人确实喜欢对方，即便他们才认识很短的时间，他们也可以发生性行为。"1987 年时，有超过 50% 的大一新生认同这种说法，而到了 1995 年，可能是因为对艾滋病有了更深入的了解，只有 43% 的学生表示认同。

然而，与还在读高中的弟弟妹妹们相比，更多的年轻成人都属于性冒险者。在 18—24 岁的年轻人中，几乎有 1/3 的人至少有过 6 个性伴侣。研究表明，1/3 的男孩和女孩与超过 5 个伴侣发生过阴茎—阴道性交。在针对大学生进行的全国电话问卷调查中，有 1/3 的男孩和 1/5 的女孩表示，他们至少有过 9 个性伴侣。除此之外，这些研究也结果相当一致地表明：与只有 1—2 名性伴侣的年轻人相比，性伴侣数量最多的大学生是最不可能始终坚持使用避孕套的，最不可能与潜在的性伴侣谈论安全性行为的，也是最不可能讨论艾滋病预防措施的，同时也最不可能与性伴侣轻松讨论这些问题。结果也可以预料：性冒险者更可能患上性病并意外怀孕。

幸运的是，如今许多年轻成人正在保护自己。几乎 80% 的人都会采取避孕措施。然而，只有 1/4 的人表示，他们总是会使用避孕套，还有 1/5 的人说他们几乎从不这样做。因此，1/5 的男性和几乎 1/3 的 18—21 岁的年轻人染上了性病。

孩子需要了解关于避孕措施和避孕套的基本知识，但他们可能还需要一些其他信息。鉴于这个年龄段的孩子容易形成接力赛式的单一伴侣恋情，他们需要了解以下信息：

◎ 有活跃性生活的年长的青少年可能有怀孕和患上性病的风险。
◎ 只有使用乳胶避孕套才能同时有效地预防怀孕和性病。
◎ 采取多种方法（同时采取避孕措施和使用避孕套来预防性病）会大有帮助。
◎ 当然，必须使用避孕套来口交，使用牙齿隔离膜来舔阴。
◎ 许多人会谎报自己的性经历。
◎ 所谓的单一伴侣恋情有时其实并不是只有一个伴侣。
◎ 许多单一伴侣恋情都很短暂，除非怀孕是你所希望的，否则就需要使用避孕套。
◎ 有多名性伴侣的年轻人应该定期进行艾滋病和其他性病的检查。
◎ 发生过性交的年轻女性应该每年进行妇科检查和宫颈涂片检查。

但是，与步入青春期后期的孩子分享你的性价值观时，除了一些注意事项和安全性行为以外，还会涉及许多其他问题。也要充分利用这个重要时机来和孩子讨论恋爱关系。

恋爱关系

你18—21岁的孩子可能正在步入严肃的恋爱关系。有研究表明，超过50%的男性和60%的大学女生表示，他们在专心地和某个人谈恋爱。在 18—24 岁的年轻人中，有 1/6 的男性和 1/4 的女性已婚，更多的人可能会选择同居。事实上，有研究发现，尽管年轻人推迟了初婚的年龄，他们并没有推迟与伴侣初次共筑爱巢的年龄。换句话说，如果将同居情侣视为已婚，初婚的年龄大致与 20 世纪 70 年代接近。

尽管我无法找到有关年轻成人同居的统计数据，总体而言，我们知道，这种现象变得越来越普遍。1990 年以前，同居实际上在美国 50 个州都是非法的。我还记得，同居被极其严肃地视为是"活在罪里"。根据人口调查局（the Bureau of the Census）的统计，有将近 410 万对异性恋情侣处于同居状态，150 万对同性恋情侣处于同居状态。

许多大学情侣会一起在校外住宿。这些恋爱关系通常都不长久，大多数情况下，维持不到两年。你需要仔细思索，如果你发现你的孩子在和伴侣同居，你希望向他们传达什么样的价值观。如果你不赞成，你会继续出钱让他们读完大学吗？如果你威胁说不再出钱，他们更有可能退学，之后的就业机会可能也会更少，而且更有可能怀孕。你会接待他们来你家吗？还是你偏向于奉行"不管不问"的原则，或者是你想了解情况？

有些 18—21 岁年轻成人坚定表示他们已经准备好结婚了。和 30 年前女孩们从大学辍学后就结婚相比，这种情况在今天可能已经不多了。更多的情侣会选择同居或结婚，并且继续在学校读书。

18—19 岁的孩子在美国各州都拥有不经父母同意就可以结婚的法定权利。但这并不是说，父母就没有责任帮助他们迈进婚姻的殿堂，或告诉孩子你对在这个年龄结婚的看法。

你可以帮助他们评估现在是否适合结婚。孩子真的准备好和对方分享整个人生了吗？结婚会如何影响他们的教育和就业计划？他们愿意安定下来吗？他们考虑过结婚之后的现实经济状况吗？他们是否足够成熟，能够在婚姻中做出必要的妥协？他们愿意离开童年时的家庭（以及你！）去组建新家庭吗？

你也可以帮助他们评估他们的亲密关系是否可以保证美满的婚姻。研究表明，在长久的婚姻中，配偶双方往往是擅于沟通的朋友。他们可以消化负面情绪，并且有出色的技巧可以化解冲突。他们彼此信任，而且都将婚姻视为一生的结合。他们拥有共同的兴趣，并且能够灵活变通。他们互相扶持，彼此安慰、鼓励和支持配偶。他们明白爱情和性只是婚姻的两个重要标准，除此之外，也必须要有友谊、信任、交流、共同的价值观、共同愿景和承诺。

无论你的孩子是同居、已婚或在恋爱，他们都需要你的指点，以确定这段关系是否理想。哥伦比亚大学健康教育计划的"咨询爱丽丝"网站为健康的亲密关系列出了以下标准。他们认为，在健康的亲密关系中，你应该：

◎ 尊重对方。
◎ 感到安心和舒适。
◎ 圆满解决冲突。
◎ 享受两人在一起的时光。
◎ 互相支持。
◎ 关注对方的生活。
◎ 在亲密关系中留有私人空间。
◎ 彼此信任。
◎ 一起享受性爱，自愿发生性行为。

在长久的婚姻中,配偶双方往往是擅于沟通的朋友。

他们明白爱情和性只是婚姻的两个重要标准,

除此之外,也必须要有友谊、信任、交流、共同的价值观、共同愿景和承诺。

◎ 明确而坦诚地交流。

◎ 拥有其他的朋友。

◎ 不隐瞒过往的经历。

◎ 知道大多数你认识的人都对这段关系感到开心。

支持孩子的恋情有助于巩固这段亲密关系。如果觉得孩子可能受到了虐待或伤害,请参阅第五章的"特别话题"部分,了解如何帮助他们。如果你希望他们等到完成学业后再决定终身大事,也一定要告诉他们。但是,试着欢迎这个新人进入你的家庭,慢慢了解他,然后再做判断。如果你不赞成孩子的恋情,请不要鲁莽地表达这种不满。记住,这可能会是你孙辈的父母。

"但你知道我们上床了"

当我与大学生的家长们沟通时,有个话题会被反复提到,就是步入青春期后期的孩子是否可以在家里和约会对象一起睡(可以推断,会发生性行为)。

苏珊和鲍勃是我的好友,同时也是性问题领域的专家。他们的女儿阿什莉聪明有趣,与父母相处得很好。她在高中要毕业的那年,和男朋友关系非常亲密。苏珊给了她避孕套,并帮她买了避孕药。苏珊告诉女儿,她认为性行为不利于她或她的恋情。但苏珊告诉我说:"我知道,她会做出自己的决定,但我想确保她不会受到伤害。"

在大二春假时,苏珊、鲍勃和阿什莉去滑雪,阿什莉认识了萨姆并坠入爱河。整个夏天,她和萨姆都在欧洲旅行,并且在各自回学校之前，来看望了苏珊和鲍勃。苏珊苦笑着对我说："我把地下室整理成了客房。"

此时，苏珊和鲍勃必然知道，阿什莉和萨姆会发生某种性行为，可能也包括性交。他们了解和信任他们的女儿，也了解并喜欢她的男友。这是一段成熟的恋情，充满了温暖和信任。

当我受邀去苏珊家吃饭时，他们向我解释说："我们只是觉得有些不舒服。我们还有个小女儿，我们还没有准备好和她谈论阿什莉的性行为。此外，也有感觉我们的隐私受到了侵犯。"

这让我产生了共鸣。在我20多岁时，我的父母离婚了。在我结婚后不久，某天晚上，我和拉尔夫去看望妈妈。妈妈告诉我，她和某人约会有段时间了，问我，等她的约会对象过来后，我们是否介意和他共度晚上时光。让我感到好笑的是，我的反应很消极。我只是不愿正视妈妈要发生性行为的事实。如果艾丽莎回家这样问我，我觉得我可能会做出同样的反应。

有些父母告诉我，出于以下原因，他们可以接受自己孩子和另外一个人在家里睡觉：

◎ 他们几乎是成年人了。
◎ 我知道他们在发生性行为。
◎ 我不想鼓励他们鬼鬼祟祟的。
◎ 我欣赏他们在恋爱关系中所表现出来的诚实和关爱。
◎ 我宁愿知道情况，而不是毫不知情。

有些父母告诉我，出于以下原因，他们不能接受孩子和另外一个

人在家里睡觉:

- ◎ 他们没有结婚。
- ◎ 这违背了我们的价值观。
- ◎ 我不想向他们的弟弟妹妹传达错误的信息。
- ◎ 这让我感到不适。
- ◎ 我担心这段恋情不会持久,明年他们可能会带其他人回家。
- ◎ 我不想让他们觉得我允许这种事情发生。

你应该扮演什么角色?哪些因素对你来说是要着重考虑的?也要和你的配偶或者伴侣沟通:如果你俩意见出现分歧,该怎么办?假如你感到不安,那么,如果孩子决定住在附近的汽车旅馆或酒店,你该怎么办?

对于大学生的父母来说,这似乎是一个难题,但许多家长面临着更复杂的问题,这些问题可能会改变孩子的人生。

跨性别青少年

上一章我谈到过,如果孩子告诉你,他觉得自己可能是同性恋,你可以怎样回复。大约有 40% 的成年同性恋者表示,他们终于在青春期后期消除了关于性取向的困惑。我和许多家长沟通过这个问题,他们的孩子在大学第一学期结束后,回家宣布自己是同性恋。通常,这些年轻人早就知道了自己的性取向,在上大学以后,随着他们独立性渐增,他们也才敢跟父母出柜。上一章讨论的大多数问题都与此有关：如果你刚刚知道自己的大学生孩子是男同性恋、女同性恋或双性恋，你可以重新阅读上一章的相关内容。

但是，如果你觉得很难接受自己的孩子是个同性恋，那就想想那些发现自己的孩子是跨性别者的家长吧。如果发现我的儿子觉得自己是我的女儿，或者发现我的女儿觉得自己是我的儿子，很难想象这会有多么震惊。然而，许多跨性别孩子的家长所要面对的，恰恰是这样的情景。

我试着来解释下。根据PFLAG的定义，跨性别者是"性别认同或表达与传统的男性或女性特征不同的人。性别认同是一个人作为男性或女性的内在感觉，对大多数人来说，性别认同和生理性别之间没有冲突。"跨性别者知道，他们的生理性别不同于他们的性别认同。必须注意到，生理性别不等同于性取向：跨性别者可能是异性恋、同性恋或双性恋。

跨性别者包括：

◎ 换性者，他们对自己的性别感到极其不适，因此想要改变自己的生理性别。
◎ 变装者，以前称为易装癖者，他们会穿异性的衣服，以表达自己的性别。
◎ 自认为第三性者，无视男性化和女性化的标签。
◎ 双性人（以前称为雌雄同体人），其生殖器官的性别特征天生较为模糊，或者他们的性别认同不同于出生时的天然性别。

在大部分情况下，如果你的孩子是个变装者，你可能并不知情。

许多变装者会私下里这样做，但绝不会告诉他们的家人和朋友。大多数变装者这样做的目的，是获得性满足和减少焦虑感。与流行的看法相反，他们大多数是异性恋，并且会结婚。于是变装问题也会变为已婚夫妻之间的问题。

如果孩子生殖器官的性别特征天生较为模糊，那么在孩子的一生中，父母显然都要面对这些问题。然而，一些双性人在就读高中和大学时会第一次表明，他们的性别认同不同于你和医生在他们出生时所确定的性别。如果出现这种情况，他们可能会对你非常生气，你可以咨询专业人士获得帮助。北美双性人协会（The Intersex Society of North America）或许可以提供帮助，网址是：www.isna.org。

如果孩子是换性者，他们的家长可能最迫切地需要获得帮助。改变性别的女性谢拉·蒙哥尔特（Sheila Mengert）曾经给变性孩子的家长写了封公开信，她在信中说："当人们迫于环境，面对自己想要否认或忽略的现实之时，需要勇气、努力、承诺和爱，未来你们也同样会需要。"

就像之前一样，在孩子遇到任何问题来求助时，你首先需要倾听。你可能会产生许多感受：震惊、困惑、愤怒、恐惧、尴尬和内疚，可能也会担心孩子的健康、安全、工作、教育以及日后的人际关系。"你需要了解这个人在告诉你时所承受的痛苦，"某个改变性别的年轻人说，"他们这样做正是因为他们在乎你，觉得需要让你知道。"正如PFLAG 的小册子里写到的，你也需要了解"变性者无法充分解释他们想要根据自身的性别认同改变性别的欲望，非变性者也无法完全理解这种欲望。"

大多数父母在得知这个消息以后，都会感到内疚："我在养育孩子时做错了什么?"需要明白的是,孩子的性别认同并不是源于父母的行为,而且没有研究表明父母可以预防这种情况。事实上,尽管研究尚未得出结论,许多人都认为跨性别是因为遗传因素、产前激素的影响以及大脑中的其他化学物质而造成的。20年前的标准做法是在生下双性人孩子以后为其指定性别。要记住,当你在孩子出生以后为他们确定性别时,你已经尽力做到最好了。

那么,在得知孩子是跨性别者之后,父母需要了解哪些东西呢?你和孩子可能都需要接受专业人士的帮助,这些专业人士应该接受过解决"性别焦虑症"(gender dysphoria)的训练。这些人能够帮助你和孩子做出必要的调整,尤其是对即将经历艰难过渡阶段的换性人来说。你可以通过亨利·本杰明国际性别认同障碍协会(Harry Benjamin International Gender Dysphoria Association),网址是:www.hbigda.org,或者国际性别教育基金会(International Foundation for Gender Education)来查找专业人士的推荐信息。许多跨性别者选择激素治疗和手术,但越来越多的人选择在不接受手术的情况下改变自己的外表和性别表达。

以下是跨性别孩子需要了解的一些内容,摘录自关于跨性别青年人的优秀网站并经过适当编辑:

◎ 去哪寻求帮助、支持和建议;
◎ 在哪里能够结识成功变性完成过渡的跨性别者;
◎ 帮助寻找合适的着装;
◎ 关于更改姓名和法律文件的建议;
◎ 关于处理大学就读事宜的建议;
◎ 支持和鼓励。

以下建议来自某个家长，她的孩子在十几岁时完成了从男孩变为女孩的过渡。这位妈妈写道：

> 对于那些爱他们的人来说，年轻的变性人可能会让他们感到心痛和头痛。那么，我们该如何应对呢？基本方法就是：
> ◎ 对他们所面临的问题拥有良好的理解；
> ◎ 给予充分的关爱和非常多的耐心；
> ◎ 让他们可以倚在你的肩头哭泣；
> ◎ 良好的幽默感。

她继续说：

> 因此，如果你处于类似境地，请尽量多寻找信息了解这个话题。不妨联系一些成年跨性别支持小组，因为他们也可以提供宝贵的信息。最重要的是，要询问你的孩子，你如何才能最好地帮助他们。对他们要有耐心——这个问题需要花时间来解决。但也请他们对你有耐心，没有人能在眨眼之间改变自己的身份，并期望其他人立刻适应这种变化。

跨性别孩子最需要什么？就像我们所有的孩子一样，他们需要知道你爱他们，并且你随时愿意帮助他们。请记住，他仍然是你的孩子，即使你真的觉得你失去了一个儿子，而且将有一个女儿；或者是失去一个女儿，而将有一个儿子。这是某个家长在电话答录机给跨性别孩子的留言:"无论你是查尔斯还是特丽,我们都爱你。我们爱我们的女儿,就像爱我们的儿子那样。"我希望我也会这样做。

观点

养育年长的青少年可能并非易事。身为家长,你以前可能会设置限制,定义边界,监督日常生活的来来往往,并帮助孩子做出决定,但现在,你要做出转变,给孩子提供建议、帮助和爱。正如我的某个朋友在女儿 18 岁生日的那天晚上告诉她的那样:"亲爱的,我觉得自己要退出你的董事会了,但我仍然可以担任你的咨询委员。"

但是,请记住,自孩子刚刚学会走路和在 2 岁时大发脾气开始,你的孩子就已经准备好在某天离开你,进入成人的世界。共同庆祝这个时刻吧!你成功了!

请记住,在孩子刚刚成年时,要对真正重要的事保持你的观点。据说下面是某个大学生寄给家人的信:

亲爱的爸爸妈妈:

我上大学已经 3 个月了,本来应该早点写信的。我现在要告诉你们一些关于我的最新消息。在你继续读信之前,请坐下来,我不是在开玩笑 请坐下。

我现在过得非常好。宿舍起火时,我从窗户跳下来,导致头部骨折和脑震荡,但现在已经愈合得很好了。我只在医院住了两个星期,现在我几乎都正常了,每天只需要忍受一次可怕的头痛。

幸运的是,一名加油站工作人员看到我跳下来,当即打电话给消防部门，又叫了救护车。他还来医院看我，因为我没有地方住，他邀请我住在他的公寓里。他是个非常优秀的人，我们深陷爱河，并且打算结婚。我们还没有定下确切的日期，但应该会在别人发觉我怀孕之前。

是的，爸爸妈妈，我怀孕了。我知道你们有多期待成为外祖父母，我知道你们会喜欢这个孩子。但我们不得不推迟结婚，因为我的男朋友有轻微感染，这使得我们无法通过我们的婚前验血，而且他传染给了我。医生告诉我们，在我们用完所有的青霉素以后，就会痊愈。

我知道你们会张开双臂，欢迎他进入我们的家庭。他很善良，虽然没有读完高中，但他雄心勃勃。虽然他来自不同的文化和宗教，但我知道你们会像我一样爱他，至少他英语说得很好。

既然已经向你们告知了最新的情况，我想告诉你们的是：没有火灾；没有脑震荡或头部骨折；没有住院；没有怀孕；没有订婚；没有梅毒；我的生活中没有出现任何白马王子。

然而，我正在攻读历史和生物学学位，我希望你们能够恰当看待这些印记。

你们心爱的女儿

观点。请尽量记住那些真正重要的东西，融入年轻人的生活，保持继续交流，继续倾听。

后 记

在我生孩子之前，人们总说育儿是人生中最宝贵的经历，我却觉得这些都是陈词滥调，现在我认识到了。要帮助你的孩子成长为性健康的成年人，这是育儿的乐趣所在，也是责任所在。

我有时会被问，是否真的认为从孩子们还在用尿布的时候就开始处理这些问题会有所不同。毕竟，很多人对我说，"我的父母从来没有和我谈论过性，但我过得很好。"有时在这样说完之后，他们会告诉我他们的不良关系，或者会问他们正在经历的性功能障碍问题。有时候，他们会讲述自己的故事，诉说他们的自我性意识在童年或青少年期间如何因无知、恐惧或虐待而受到了伤害。

在美国文化中，人们很难成为性健康的成年人。我把美国定义为"温和地憎恶性爱"。我们对性行为、发生性关系非常随便，但我们太多人心中有个暗箱，里面充满了羞耻、内疚、错误信息、恐惧以及对性的负面体验。这个暗箱可能会妨碍我们渴求的那种成人关系。

我想为我的孩子另辟蹊径。而且，如果你已经读过本书，我相信你也会这样做。

在本书中，以及此前为年幼孩子的父母所著的书《从尿布到约会：家长指南之养育性健康的儿童》中，我尝试帮助你们奠定基础，以便将孩子养育成性健康的成年人。如果你遵循了书中的一些建议，我希望你已经与孩子建立了良性的关系，公开并诚实地讨论性问题。我希望你已经分享过你的家庭对于这些重要问题的价值观。我也希望你已经看到了公开交流性话题带来的成效。

有成年子女的父母告诉我，如果知道他们的孩子正在过着幸福、丰富而充实的生活，这将是他们人生最大的满足。你和你的孩子都应该保持性健康。

1991年，由健康、教育和医疗领域的20名专家组成的国家指导工作组（National Guidelines Task Force），编写了性健康成年人生活行为清单。成年人性健康与否并不取决于我们发生性行为的频率，或者你的性经验有多么美好。请记住，性涉及我们是谁，而不是我们对自己身体的一部分做了什么。

下面是你和成年子女的最后测验。如果你的答案为"是"，请在每个问题旁边打钩。你是否：

- 喜欢自己的身体？
- 与男女性都保持着良好的关系？
- 对你的性取向感到安心？
- 会平等地尊重异性恋、男、女同性恋和双性恋者？
- 有值得信任的朋友？
- 与家人保持着良好的关系？

- ◎ 对主要的亲密爱情关系感到满意？
- ◎ 避免剥削和操纵他人？
- ◎ 会思考自己在性问题上的价值观？
- ◎ 会对自己的行为负责？
- ◎ 通常会做出正确的决定？
- ◎ 会与家人、朋友和伴侣进行有效的沟通？
- ◎ 会根据自己的价值观来表达性欲？
- ◎ 明白你可以拥有并享受性的感觉，而不必受它支配？
- ◎ 会区分有益于生活的性行为和可能危害自己或他人的性行为？
- ◎ 会在表达自己性欲望的同时尊重他人的权利？
- ◎ 会在需要了解性行为时寻求新信息？
- ◎ 会始终使用避孕措施（如果你是异性恋并具有生育能力的话）？
- ◎ 会始终使用避孕套（如果你拥有多个性伴侣，或者你不了解对方的艾滋病状况时）以防止感染或性病？
- ◎ 会定期进行乳房或睾丸自检？
- ◎ 会进行年度体检，包括性病筛查和宫颈涂片检查？
- ◎ 会尊重其他有不同性价值观的人士？
- ◎ 会促使政府代表了解你对即将出台的关于性问题的立法的看法？
- ◎ 会积极支持社区中的性教育？
- ◎ 对于和你不同的性价值观或生活方式，避免表现出偏见和偏执行为？
- ◎ 教育他人了解性知识？

我们大多数人都无法对所有这些问题回答"是"，但我们都可以朝着这个方向努力。如果在孩子的生活中，你始终都在教导他们了解性知识，那么当他们进入成年时，他们很可能会在这个测验中获得高分。这将是给他们和他们未来的配偶或情人的美好礼物！

这份礼物也可能会传递给他们的孩子——即你的孙辈！如果父母与孩子谈论性问题，孩子在成人以后也会与自己的孩子交谈这些话题。如此循环。你正在为未来世界协力培养性健康的成年人，在那个世界中，每个孩子都知道我们的身体非常美好，没有孩子会受到侵犯；每个问题都会得到诚实的答案；每个前青春期和青春期孩子都拥有必要的信息和技能，可以针对性行为做出良好而健康的决定。在性健康的成人世界里，所有人都会在诚实、平等、尊重和快乐的基础上拥有良好的亲密关系。我希望我的孩子和孙子孙女能够生活在这样的世界里。

附 录

更多信息资源

希望本书回答了你的许多问题和疑虑。但养育青少年并非易事，我猜想你可能还有很多其他问题，强烈建议你寻求更多的信息。这个附录介绍了一些适合你和青少年孩子的资源，包括目前关于青少年性行为的书，也提到了相关机构、网站和热线电话，你可以从中获取更多的有用信息。

在我的女儿艾丽莎16岁时，她帮我做了些关于这个章节的研究调查。她本人高度认可这些与青少年相关的书和网站。我浏览了这些网站，并且还访问了一些给父母提供信息的网站。当然，你需要确定哪些书和网站对你有用。这些书籍和网站代表了各种各样的性价值观，要从中找到那些与你的家庭价值观相合的。这些书和网站的受众也各不相同，从青少年早期到青春期后期。这个清单在我撰写这本书时已经及时更新，但网站的更新变化是很快的。当然，这些书和网站不能代替医疗信息或咨询服务；如需帮助，请联系医生或心理健康专业人士。

适合青少年看的书

《亲爱的拉瑞莎: 11—17 岁女孩的性教育》

　　Akagi, Cynthia. *Dear Larissa: Sexuality Education for Girls, Ages 11–17*. Littleton, Colorado: Gylantic Publishing, 1994.

《亲爱的米歇尔: 11—17 岁男孩的性教育》

　　———. *Dear Michael: Sexuality Education for Boys, Ages 11–17*. Littleton, Colorado: Gylantic Publishing, 1996.

《让你的头脑自由: 给同性恋和双性恋的青少年指南》

　　Bass, Ellen and Kate Kaufman. *Free Your Mind: The Book for Gay, Lesbian, and Bisexual Youth*. New York: HarperPerennial Library, 1996.

《青少年性行为秘密指南》

　　Basso, Michael, *The Underground Guide to Teenage Sexuality, 2nd ed.* Minneapolis: Fairview Press, 2003.

《变化的身体，变化的人生》

　　Bell, Ruth, *Changing Bodies, Changing Lives*. New York: Random House, 1998.

《咨询爱丽丝的答案之书》

　　Columbia University Health Education Program, *The Go Ask Alice*

Book of Answers. New York: Holt, 1998.

《教你妥善应对性》

Drill, Esther; Heather McDonald; and Rebecca Odes, *Deal with It.* New York: Pocket Books, 1999.

《两个二十岁的青少年》

Heron, Ann. *Two Teenagers in Twenty: Writings by Gay and Lesbian Youth.* Los Angeles: Alyson Publications, 1994.

《青少年的性指南》

Lieberman, James and Karen Lieberman, *Like It Is: A Teen Sex Guide.* Jefferson, North Carolina: McFarland and Company, 1998.

《女孩谈话：那些姐姐不会告诉你的事情》

Weston, Carol. Girltalk: *All the Stuff Your Sister Never Told You,* 4th ed. New York: HarperPerennial Library, 2004.

《青少年身体的运转》

White, Lee. *The Teenage Human Body Operator's Manual.* Eugene, Oregon: Northwest Media, Inc., 1998.

青少年性知识网站资源

适合青少年的网站

* 代表需要单独发送电子邮件查询相关问题

www.avert.org

英国艾滋教育及研究慈善组织（AVERT: AIDS Education and Research Trust）

这个网站提供了各种各样关于性的信息，包括艾滋病，节育，青春期，如何处理性关系问题，以及同性恋青少年的资源。

* www.goaskalice.columbia.edu

咨询爱丽丝（Go Ask Alice!）

这个网站来自哥伦比亚大学健康教育项目。它主要为大学生提供关于性关系、性行为和性健康方面的直白答案和建议。

www.iwannaknow.org

由美国社会健康协会（The American Social Health Association）赞助，这个网站专门介绍性传染病及其预防，还包括性信息和每周青少年聊天室。

www.outproud.org

骄傲：做你自己（OutProud: Be Yourself）

这是一个全美同性恋、双性恋和跨性别青年的联盟网站。学校资源部分特别适用于让学校成为所有青少年的安全之地的相关问题。

* www.positive.org

正向的性联盟（Coalition for Positive Sexuality，CPS）

这是一个为性活跃或想要有性关系的青少年提供信息的网站，包括一些关于决策、避孕、性传染病和怀孕的真实信息。

www.youthresource.com

青年资源网（Youth Resource）

这主要是一个为男同性恋、女同性恋、双性恋和跨性别青年服务的网站。

适合父母的网站

www.advocatesforyouth.org

青年之声（Advocates for Youth）

青年之声向专业人员和决策者提供有关青少年性健康的信息。

www.cdcnpin.org

疾病预防控制中心国家预防信息网（CDC National Prevention Information Network）

这是联邦政府关于性传染病（包括HIV／AIDS）的公共信息网站。

www.teenpregnancy.org

全美预防青少年怀孕活动（National Campaign to Prevent Teen Pregnancy, NCPTP）

这个网站包含了预防青少年怀孕的信息，包括给父母的建议。

www.pflag.org

同性恋者的父母、家人和朋友 (PFLAG)

PFLAG 的网站为 LGBT 青少年的父母提供了非常有用和支持性的信息，包括转介到当地的支持组织。

www.siecus.org

美国性知识教育理事会 (SIECUS)

SIECUS 的网站为家长提供了特别的讨论板块，还有几本关于与家长交流性知识的小册子。

关于青少年的常见话题

给青少年的网站资源

www.gurl.com

这是一本面向青少年女性的前卫女权主义杂志。

给父母的网站资源

www.adolescenthealth.org

青少年医学协会（The Society for Adolescent Medicine, SAM）

虽然主要面向健康专业从业者，但该网站提供了关于青少年卫生保健的优质信息。

www.kidshealth.org

这个网站为家长提供有关育儿和健康问题的信息。

www.search-institute.org

搜索研究所的网站提供了有关帮助年轻人和社区建设资产的研究。

针对具体问题的网站资源

www.anred.com

提供了关于厌食症，贪食症和暴饮暴食的相关信息。

www.edreferral.com

饮食失调转诊和信息中心（Eating Disorder Referral and Information Center）

为饮食失调提供转介帮助。

www.glsen.org

同性恋和异性恋教育网络（Gay, Lesbian, and Straight Education Network, GLSEN）

帮助消除公立学校中对 LGBT 青年的歧视。

www.gendertalk.com

性别对话（Gender Talk）

跨性别信息和推荐。

www.isna.org

北美双性人协会（Intersex Society of North America, ISNA）

为非典型性征的人提供相关信息。

www.rainn.org

国家反强奸、虐待和乱伦组织（Rape, Abuse, and Incest National Network）

这个网站可以在你遭受强奸，性虐待和乱伦的情况时提供一些帮助。

全美免费热线电话

艾滋热线

（AIDS Hotline）......................................（800）CDC-INFO

美国计划生育联合会

（Planned Parenthood Federation of America）......（800）230-7526

全国反药物滥用热线

（National Drug Abuse Hotline）……………………（800）662-4357

全国男同性恋和女同性恋热线

（National Gay and Lesbian Hotline）………………（800）843-4564

全国疱疹热线

（National Herpes Hotline）……………………………（800）227-8922

全国预防自杀热线

（National Suicide Prevention Hotline）……………（800）621-4000

营养与饮食失调热线

（Nutrition and Eating Disorders Hotline）…………（800）366-1655

全国离家出走热线

（National Runaways Hotline）………………………（800）621-4000

全国性传播疾病热线

（National STD Hotline）………………………………（800）227-8922

国家反强奸、虐待和乱伦组织热线

（Rape, Abuse, and Incest National Network）…（800）656-HOPE

参考文献

Advocates for Youth, "Lesbian, Gay, Bisexual, and Transgender Youth: At Risk and Underserved," fact sheet, Washington, D.C., 1998.

Alexander, Christopher, J., "Studying the Experiences of Gay and Lesbian Youth," *Journal of Gay and Lesbian Social Services* (1998), 8:2:69–72.

American Medical Association adolescent website (www.amaassn.org/adolhlth).

Armour, Maryellen, "Dating Violence Among Teens," fact sheet, Washington, D.C.: Advocates for Youth, 2000.

American Psychological Association website, "Answers to Your Questions About Sexual Orientation and Homosexuality," (www.apa.org/pubinfo/answers.html).

APA Monitor Online, October 1999, "Court's Sexual Harassment Ruling Puts Schools on Notice," (www.apa.org/monitor/oct99/cf9.html).

Birch, David et. al., "Health Discussions Between College Students and Parents: Results of a Delphi Study." *Journal of American College Health* (1997) 46: 139–143.

Bradsher, Keith, "3 Guilty of Manslaughter in Slipping Drug to Girl," *The New York Times*, March 15, 2000, p. A14.

Brent, David, "Stressful Life Events, Psychopathology, and Adolescent Suicide: A Case Control Study." *Suicide and Life-Threatening Behavior* (1993) 23:3, 179–87.

Brindis, Claire; Susan Pagliaro; and Laura Davis, *Protection as Prevention: Contraception for Sexually Active Teens*. Washington, D.C.: The National Campaign to Prevent Teen Pregnancy, 2000.

Brown, Jane D., "The Media." Unpublished paper prepared for the U.S. Surgeon

General's Call to Action, July 1, 2000.

Centers for Disease Control and Prevention, "Youth Risk Surveillance: National College Health Risk Behavior Survey: United States 1995." *Morbidity and Mortality Weekly Report* (November 14, 1997), 46 (ss-6), 1–54.

Centers for Disease Control and Prevention, "Youth Risk Behavior Surveillance—United States, 1997." *Morbidity and Mortality Weekly Report* (August 14, 1998), 47.

Critelli, Joseph and David Suire. "Obstacles to Condom Use: The Combination of Other Forms of Birth Control and Short-Term Monogamy." *Journal of American College Health* (1998) 46: 215–219.

Cyprian, J.; K. McLaughlin; and G. Quint, *Sexual Violence in Teenage Lives: A Prevention Curriculum*. Vermont: Planned Parenthood of Northern New England, 1995.

ERIC Digest, "Latchkey Children." www.ed.gov/databases/ ERIC_ Digests/ ed290575.

Erikson, Erik H., *Identity: Youth and Crisis*. New York: W. W. Norton and Company, 1968.

Fay, Joe and Jay Yanoff, *What Are Teens Telling Us About Sexual Health?* York, Pennsylvania: York City Bureau of Health, 1999.

Folb, Kate L., "Don't Touch That Dial: TV As A—WHAT?—Positive Influence." *SIECUS Report* (2000), 28:5, 16–18.

Food and Drug Administration, "On the Teen Scene: Good News About Nutrition," revised January 1999.

Funk, Marjorie, *Adolescent Sexual Assault and Harassment Prevention Curriculum*. Florida: Learning Publications, 1995.

Garrison, Karl C., and Karl C. Garrison, Jr., *Psychology of Adolescence*. New Jersey:

Prentice Hall, Inc., 1975.

Gay, Lesbian, and Straight Education Network, "GLSEN's National Climate Survey," September 1999, press release.

Greenberg, Jerrold; Clint Bruess; and Debra Haffner, *Exploring the Dimensions of Human Sexuality*. Massachusetts: Jones and Bartlett Publishers, 2000.

Gustavsson, Nora S., and Ann E. MacEachron, "Violence and Lesbian and Gay Youth." *Journal of Gay and Lesbian Social Services* (1998) 8:3: 41–51.

Haag, Pamela, *Voices of a Generation: Teenage Girls on Sex, School, and Self*. Washington, D.C.: AAUW Educational Foundation, 1999.

Haffner, Debra W., editor, *Facing Facts: Sexual Health for America's Adolescents*. New York: SIECUS, 1995.

Hall, G. Stanley, *Adolescence*. New York: Appleton, 1916.

Hatcher, Robert, et.al., *Contraceptive Technology*. New York: Ardent Media, 1998.

Havighurst, Robert, *Developmental Tasks and Education*. Chicago: University of Chicago Press, 1948.

LAMBDA Legal Defense and Education Fund, *Stopping Anti-Gay Abuse of Students in Public Schools*. New York: LAMBDA, 1998.

Kaiser Family Foundation, *Kids and Media @ The New Millenium*. California: Kaiser Family Foundation, November 1999.

Kaiser Family Foundation/ABC Television, *Sex In the 90's*. California: Kaiser Family Foundation, 1998.

Kaiser Family Foundation/Children Now, "Talking With Kids About Tough Issues," *Chart Pack*, 1999.

Kaiser Family Foundation, *Teens Talk About Dating, Intimacy, and Their Sexual Encounters*. California: Kaiser Family Foundation, 1999.

Kann, Laura et. al., "Youth Risk Behavior Surveillance—United States, 1997."

Journal of School Health (1998) 68:9, 355–369.

Kett, Joseph, *Rites of Passage: Adolescence in America, 1790 to the Present.* New York: Basic Books, 1970.

Lounsbury, John, "Key Characteristics of Middle Level Schools." *ERIC Digest*, 1996.

Magid, Lawrence, "Teen Safety on the Information Highway." On www.safekids.com.

Mengert, Sheila, "An Open Letter to the Parents of Transsexual Children" on www.mermainds.freeuk.com/letter.html.

Meltz, Barbara, "Preteens and the Party Scene." *Boston Globe*, February 10, 2000.

Miller, Kim S. et. al., "Family Communication About Sex: What Are Parents Saying and Are Their Adolescents Listening?" *Family Planning Perspectives*, (1988) 30:5 218–222.

———, "Patterns of Condom Use Among Adolescents: The Impact of Mother-Adolescent Communication." *American Journal of Public Health* (1998) 88:10: 1542–1544.

National Campaign to Prevent Teen Pregnancy, *Peer Potential: Making the Most of How Teens Influence Each Other.* Washington, D.C.: National Campaign to Prevent Teen Pregnancy, 1999.

National Campaign to Prevent Teen Pregnancy, Press release, April 30, 1998.

National Guidelines Task Force, *Guidelines for Comprehensive Sexuality Education, Kindergarten—12th Grade*, 2nd Edition. New York: SIECUS, 1996.

National Research Council and Institute of Medicine, *Risks and Opportunities: Synthesis of Studies on Adolescence.* Michelle D. Kipke, ed., Washington, D.C.: National Academy Press, 1999.

National Vital Statistics Report, October 25, 1999. 47:26.

Neinstein, Lawrence S., *Adolescent Health Care: A Practical Guide*. Baltimore: Urban and Schwarzenberg, 1984.

Nesmith, Andrea; David Burton; and T. J. Cosgrove, "Gay, Lesbian, and Bisexual Youth and Youth Adults: Social Support in Their Own Words." *Journal of Homosexuality* (1999) 37:1: 95–108.

Parents, Families, and Friends of Lesbians and Gays (PFLAG), "Our Trans Children, Second Edition," Washington, D.C.: PFLAG, 1999.

Pleck, J., F. Sonenstein, and L. Ku, "Masculinity Ideology: Its Impact on Adolescent Males' Heterosexual Relationships." *Journal of Social Issues* (1993) 49:3 11–30.

Prince, Alice and Amy Bernard, "Sexual Behaviors and Safer Sex Practices of College Students on a Commuter Campus." *Journal of American College Health* (1998) 47: 11–21.

Public Agenda Online, "Kids These Days." December 1998.

Remafedi, G., "Demography of Sexual Orientation in Adolescents," *Pediatrics* (1992) 89:4: 714–21.

Remafedi, G.; J. Farrow; R. Deisher, "Risk Factors for Attempted Suicides in Gay and Bisexual Youth." *Pediatrics* (1991) 87: 6: 869–875.

Rodriguez, Monica, "SIECUS Forum on Adolescent Sexuality and Popular Culture." *SIECUS Report* (2000) 28:5, 3–5.

Sabo, D., *The Women's Sports Foundation Report: Sports and Teen Pregnancy*. New York: Women's Sports Foundation, 1998.

Saewyc, Elizabeth et. al., "Sexual Intercourse, Abuse, and Pregnancy Among Adolescent Women: Does Sexual Orientation Make a Difference?" *Family Planning Perspectives*, (1999) 31:3, 127–131.

Savin-Williams, Ritch, *And Then I Became Gay*. New York: Routledge, 1998.

Sax, Linda, "Health Trends Among College Freshman." *Journal of American*

College Health, (1997) 45: 252–262.

Schindler, Paul, "Sobering New Evidence About Oral Sex," LGNY, 21: 44, February 12, 2000.

Schuster, Mark A.; Robert M. Bell; and David E. Carouse, "The Sexual Practices of Adolescent Virgins: Genital Sexual Activities of High School Students Who Have Never Had Vaginal Intercourse." *American Journal of Public Health* (1996) 86: 11, 1570–1576.

Selverstone, Bob. "Now What Do I Do?" New York: SIECUS, 1996.

Siegel, Judith et. al., "Body Image, Perceived Pubertal Timing, and Adolescent Mental Health." *Journal of Adolescent Health Care* (1999) 25: 155–165.

Simon, Toby and Bethany Golden, *Dating: Peer Education for Reducing Sexual Harassment and Violence Among Secondary Students*. Florida: Learning Publications, Inc., 1966.

Smetana, Judith, "Parenting Styles and Conceptions of Parental Authority During Adolescence." *Child Development* (1995), 66: 299–316.

Sprecher, Susan and Pamela Regan, "College Virgins: How Men and Women Perceive Their Sexual Status." *Journal of Sex Research* 1996) 33:x, 3–15.

Terry, Elizabeth and Jennifer Manlove, *Trends in Sexual Activity and Contraceptive Use Among Teens*. Washington, D.C.: The National Campaign to Prevent Teen Pregnancy, 2000.

Thornton, A. and D. Camburn, "The Influence of the Family on Premarital Sexual Attitudes and Behavior." *Demography* 24:323, 1987.

U. S. Census, www.census.gov/population/socdemo/ms-la/tabms-2.txt.

U. S. Department of Education. "Sexual Harassment: It's Not Academic." Pamphlet, at www.ed.gov/offices/OCR/ocrshpam.html.

College Health, (1997) 45: 252–262.

Schindler, Paul, "Sobering New Evidence About Oral Sex," LGNY, 21: 44, February 12, 2000.

Schuster, Mark A.; Robert M. Bell; and David E. Carouse, "The Sexual Practices of Adolescent Virgins: Genital Sexual Activities of High School Students Who Have Never Had Vaginal Intercourse." *American Journal of Public Health* (1996) 86: 11, 1570–1576.

Selverstone, Bob. "Now What Do I Do?" New York: SIECUS, 1996.

Siegel, Judith et. al., "Body Image, Perceived Pubertal Timing, and Adolescent Mental Health." *Journal of Adolescent Health Care* (1999) 25: 155–165.

Simon, Toby and Bethany Golden, *Dating: Peer Education for Reducing Sexual Harassment and Violence Among Secondary Students*. Florida: Learning Publications, Inc., 1966.

Smetana, Judith, "Parenting Styles and Conceptions of Parental Authority During Adolescence." *Child Development* (1995), 66: 299–316.

Sprecher, Susan and Pamela Regan, "College Virgins: How Men and Women Perceive Their Sexual Status." *Journal of Sex Research* 1996) 33:x, 3–15.

Terry, Elizabeth and Jennifer Manlove, *Trends in Sexual Activity and Contraceptive Use Among Teens*. Washington, D.C.: The National Campaign to Prevent Teen Pregnancy, 2000.

Thornton, A. and D. Camburn, "The Influence of the Family on Premarital Sexual Attitudes and Behavior." *Demography* 24:323, 1987.

U. S. Census, www.census.gov/population/socdemo/ms-la/tabms-2.txt.

U. S. Department of Education. "Sexual Harassment: It's Not Academic." Pamphlet, at www.ed.gov/offices/OCR/ocrshpam.html.

图书在版编目（CIP）数据

从尿布到约会：家长指南之养育性健康的青少年：从初中到成年之后 /（美）黛布拉·W.哈夫纳（Debra W. Haffner）著；望秀云译 . —上海：上海社会科学院出版社，2020

书名原文：Beyond the Big Talk : A Parent's Guide to Raising Sexually Healthy Teens

ISBN 978-7-5520-3159-1

Ⅰ. ①从… Ⅱ. ①黛… ②望… Ⅲ. ①青少年教育—性教育—家庭教育 Ⅳ. ① G479 ② G782

中国版本图书馆 CIP 数据核字（2020）第 068401 号

BEYOND THE BIG TALK. revised edition, Copyright © 2001, 2002, 2008 by Debra W. Haffner.
Published by arrangement with HarperCollins Publishers.
Simplified Chinese edition copyright © 2020 by Beijing Green Beans Book Co., Ltd.
All rights reserved.

上海市版权局著作权合同登记号：图字 09-2020-445

从尿布到约会：家长指南之养育性健康的青少年：从初中到成年之后

著　　者：（美）黛布拉·W.哈夫纳
译　　者：望秀云
责任编辑：杜颖颖
特约编辑：贺　天
封面设计：主语设计
出版发行：上海社会科学院出版社
　　　　　上海市顺昌路 622 号　邮编 200025
　　　　　电话总机 021-63315947　销售热线 021-53063735
　　　　　http://www.sassp.cn　E-mail: sassp@sassp.cn
印　　刷：天津旭丰源印刷有限公司
开　　本：710 毫米 ×1000 毫米　1/16
印　　张：16.25
字　　数：170 千字
版　　次：2020 年 8 月第 1 版　2022 年 6 月第 6 次印刷

ISBN 978-7-5520-3159-1/G·920　　　　　　　　　　　定价：48.80 元

版权所有　翻印必究